天下文化

BELIEVE IN READING

陪伴有時、放飛有時、保有自我，
一個母親的旅程

工作媽媽學會的事

丘美珍——著

第三部　不要受困於別人講述的世界觀

—推薦序—

當教養成為選擇，我們如何走向愛與理解的路上

林俐君（綠君麻麻） 作家、閱讀推廣者

身為兩個孩子的母親，一路走來，我深知教養之路並沒有標準模式。太多的時候，我們在育兒現場徬徨、試錯、懊悔，再重新站穩、擁抱改變。而這本書，正是陪伴我們在迷霧中前行的那盞溫柔的燈。

美珍老師以「為母的藝術」為起點，帶領讀者回顧她做為職業媽媽、全職媽媽再重返職場的心路歷程。她的筆觸沒有高高在上的說教，更多的是一位母親貼近生活的真誠與柔軟。書中第一部〈不要恐懼，成為父母〉，一開頭就說明了她寫這本書的初衷：她告訴大家，當父母是現在進行式，是一個逐漸累積的過程，

也就是「我們如何在錯誤中學習，在愛裡成長」。這樣的開場，像一個深呼吸，也像一雙溫暖的手，撫平許多爸媽心中對「不夠好」的焦慮。

我尤其喜愛第二部〈不要憂慮，善用教養的十大助力〉。這一章節以十個主題展開，每一則都不只是理論，更有故事、有畫面、有情感的波動。其中提到「能撐起手足的，是父母」，讓我深有同感。在我們家，兩個孩子的個性大不相同，互動千變萬化，有笑有淚，而我們夫妻倆的情感穩定，就是孩子彼此建立連結的橋梁。父母如何愛，孩子就如何學會去愛；父母如何吵架、如何修復，孩子也會學去處理自己的情緒與衝突。教養的每一步，都是在為孩子的未來打造內在風景。

美珍老師認為和每個孩子獨處非常重要，為了讓孩子更有安全感，她特別安排了一個接送距離較遠的英文班，為的就是能夠多些時間和排行老二的女兒獨處。讀到這裡讓我非常感動，即使忙碌，美珍老師也會想盡辦法，擠出一點時間，用陪伴來增強與孩子之間的關係。

第三部〈不要受困於別人講述的世界觀〉則提醒我們，不要讓社會對成功的定義，成為我們對孩子教養的唯一準則。像是父母最在意的學習狀況，考試分數，美珍老師教我們可以將「考試」看成闖關遊戲，累積多少經驗值，就可以升等。另外美珍老師也建議，觀察孩子擅長的學習風格，找到考試中進步的方法。

「窮養？富養？不如智養」這一章，是對當代父母焦慮的溫柔提醒。我們常把焦點放在物質資源的提供，卻忽略了孩子內在能力的培養與情緒的支持。尤其在強調競爭的社會氛圍下，太容易讓孩子陷入「比較」與「成就導向」的陷阱，而忘了人生真正重要的，是自我價值與幸福感的建立。

我很感謝美珍老師在第四部〈不要忘記，我們最終希望孩子有幸福的人生〉中，點出了這本書的核心價值——「幸福」才是教養的終點。美珍老師從不同角度剖析「什麼樣的人生，算是幸福？」不只提供家長思考的方向，也讓我們放下太多「應該」的包袱，轉而專注於與孩子同行的當下。

最後一部〈做為一個母親的旅程〉，讀來格外動人。從職場到家庭，再從家庭回到職場，美珍老師用自己的生命，書寫了一段「在身分轉換中尋找自我價值」的歷程。做為女性，我們有太多複雜角色同時並存：女兒、妻子、員工、媳婦、母親……我們如何在不同階段努力活出自己？美珍老師在「當了十二年全職媽媽後重回職場，我學會的事」這一篇中，她坦然面對自己的不安，也勇敢地找回專業與熱情。讀老師的故事時，看到老師也同樣因為回歸家庭的決定感到焦慮，也有公婆之間的相處矛盾，與小孩之間青春期的拉鋸，我覺得我被安慰了，有種沒那麼孤單的感覺，原來大家都有同樣的煩惱。

這本書的篇章架構縝密，語言真摯，就好像一位好戰友一樣，你能從裡面找到共鳴和理解，讓自己在當媽的多重宇宙中，得以有一個空間，暫時喘息一下，並獲得啟發和陪伴，能有這樣一本書，幫助母親們釐清內在的聲音、找回教養的初衷，是多麼珍貴的一件事。

我們會犯錯、會軟弱、會懷疑自己，但只要願意持續學習、勇於面對與修正，就能與孩子共同成長。而這段旅程，不孤單，因為有美珍老師這樣的陪伴者，為我們點燈，引路。

誠摯推薦給每一位正在教養路上掙扎、尋求方向、渴望愛與連結的父母。你會在書中看見自己，也會看見希望。

一推薦序一

放下焦慮，陪孩子走一段自在的成長旅程

葉丙成　教育部政務次長

記得我剛創辦無界塾實驗教育機構時，正需要一位出色的語文老師，那時候很幸運地遇見了丘美珍老師。美珍老師在加入我們之前，曾擔任知名財經雜誌的總編輯，文筆犀利且深具洞察力。然而，她後來為了更完整地陪伴家中的三個孩子，毅然辭職。

當我們邀請美珍老師兼職到無界塾教授語文課時，我內心充滿期待，也好奇這位從高壓媒體圈轉向家庭教育的資深編輯，會如何教導我們的孩子。沒想到，她的教學方式讓我深深驚豔。不僅能夠精準地引領學生探索語文的美妙與深度，更以細膩的觀察與深刻的關懷，走進孩子們的內心世界，激發他們自主學習的熱

情。美珍老師不只是位好老師，更是一位難得的好媽媽。

在這本書裡，美珍老師真誠且無私地分享她一路走來的教養經驗，尤其強調了一個重要的觀點——「不要焦慮」。台灣的父母普遍承受極大的壓力與焦慮，擔心孩子輸在起跑點，擔憂孩子未來競爭力不足，因此常常過度安排孩子的學習時間。但美珍老師以她自身的教養歷程，讓我們看到了另一種可能：其實父母不必如此焦慮，也可以把孩子養得很好。

在書中她提到，當年為了讓第一個孩子不要落後於同儕，曾安排密集的補習與才藝課程，但很快發現這並不適合他們一家，甚至造成了家人的不理解與孩子的疲憊不堪。經過反思，她決定放手，選擇順應孩子的興趣與天性。十五年後，她的三個孩子不僅健康平安地成長，更各自找到了喜愛且擅長的領域，學業上也都有亮眼的成績。

美珍老師提出的「四個不要」教養哲學，也值得所有家長深思：「不要恐懼」、「不要憂慮」、「不要受困於別人講述的世界觀」，以及「不要忘記，我們最終希望孩子有幸福的人生」。其中，她分享自己曾經陷入對未來的焦慮，但透過不斷的自我覺察、調整，以及對生活本質的重新認識，學會放下焦慮，將更多的心力投注在陪伴孩子成長的過程中。

我特別欣賞書中「陪伴的重要性」。美珍老師提到自己從職場回歸家庭後，才真正體認到陪伴的價值。她說，許多看似平凡的日常互動，例如接送孩子上下課時的對話，成為日後親子間深刻且珍貴的連結，也成了孩子一生穩定的心理基礎。

書中另一個令人印象深刻的觀點，是她提出的「民宿媽媽」的心態，尤其適用於與青春期孩子相處時。美珍老師幽默地比喻，面對青春期的孩子，要像經營民宿般，有時熱情接待、有時保持距離，允許孩子保有自己的空間與自主性，這樣的相處模式，不僅讓親子關係更融洽，也讓孩子更願意敞開心胸與父母分享心事。

此外，她坦率地談到教養孩子是一場團隊合作，從與家人溝通、與伴侶共識，到與其他家長、社群團體建立教養聯盟，都能讓父母在育兒的路上走得更輕鬆、更有效率。這種開放的心胸與務實的態度，不僅減輕父母的負擔，也為孩子建立更加健康與多元的成長環境。

更難能可貴的是，美珍老師不迴避「工作與育兒的取捨」這個現實難題。她分享自身從職場精英到全職媽媽的心路歷程，坦然面對這之中的掙扎與調整，並鼓勵每一位父母，勇敢地尋找適合自己家庭的平衡點。

以我自己創辦無界塾前後十年的教育經驗來說，前前後後接觸了數百位孩子與家長，我深知教養路上的焦慮與迷惘普遍存在。而美珍老師的這本書，就像一座燈塔，提供了溫暖而實際的指引，提醒父母可以從容面對各種挑戰，放下焦慮，以更放鬆的態度，陪伴孩子發展出健全的人格、自信與獨立。

閱讀這本書，讀者將獲得多層次的啟發與實際方法。不論你是新手爸媽或正陪伴青春期孩子成長，或是仍在職場與家庭之間掙扎的父母，美珍老師的經驗與觀察，都將為你帶來深刻的反思與寶貴的實踐建議。

最後，我由衷推薦這本書給每一位家長，尤其是在這個焦慮感無所不在的時代。我們的孩子並不需要完美的父母，但他們需要的是陪伴、理解與適當的引導。透過這本書，我們可以學會放下焦慮，學會如何更從容地與孩子共同度過成長的每一個階段，培養出自信而獨立的下一代，讓教養成為人生中一段值得珍藏的美好旅程。

「溫暖推薦」

本書雖聚焦在一位母親陪伴教養孩子的心路歷程，但卻一如丘美珍一貫的為文風格：旁徵博引、邏輯清晰、善思明辨、見地相當新穎獨到。真的非常值得孩子在各個年齡層的家長閱讀。

美珍曾經跟我分享，做為母親，她不習慣特意的用力，確實，在這本書裡，即便看到她一路上也難逃各種教養考驗與難題，但我確實能感受到美珍一以貫之、剛剛好的教養施力。但，我卻另外捕捉到她的用功與敏銳的洞察，且始終享受於這種覺察的狀態。因此，書裡輻射出各種領域的理論模型，但都能巧妙地運用在家庭經營與教養孩子之上。

她以「九型人格」來理解三個個性不同的孩子；她重新思考「窮養」與「富養」的內涵；她把艾瑞克森的發展心理學轉譯為有趣的「少年運、中年運與老年運」之人生八堂課；她把管理學大師彼得．杜拉克關於「非營利組織」的論述用於家庭管理；她把「國家四元素」延伸成建立家庭的重要基石；她獨創了「大學科系選擇評估」表單，來幫助徬徨的孩子兼顧理想與現實；她思考幸福的方式也發人深省，乃以「人生觀、世界觀、價值觀」三觀架構做立體而宏觀的演繹。

在書末，美珍說：「有了孩子，讓我變成更好的人。」我確實在書的每一部分，都感受到她的透澈、了然與智慧，不過度用力教養但持續深刻的覺察與思考。謝謝她在成為母親二十多年之後，願意總結這本不只關乎教養，更關乎人生體悟的母親手札、幸福指南。

——彭菊仙　作家

好友美珍出書對我來說不是新聞，因為文字工作經驗豐富的她，早已有多本暢銷或話題書的肯定。但知道她要寫一本以母親為視角，關於親子教養的書，讓我有點驚訝，不過仔細想想，這一切又再合理不過。美珍育有兩女一男三位孩子，三個孩子在求學過程中成績優秀，品性善良正直，而且親子關係熱絡，目前孩子們都朝著自己的目標努力前進中。

如何形塑這樣的孩子和親子關係，有許多人想知道答案。在《工作媽媽學會的事》這本書中，美珍以她親身的經歷體驗，敏銳的觀察發現，反躬自身的反思，廣博的知識滙整和思路清晰的細膩文字，將自己從面對身分轉換的思考，到陪伴孩子經歷不同階段成長相關的知識、經驗與智慧娓娓道來。

——黃國珍　品學堂創辦人、《閱讀理解》學習誌暨數位平台總編輯

當父母不需要考試，但需要增能！

丘美珍在新書中提到日本作家伊坂幸太郎的名句：「一想到成為父母居然不用經過考試，就覺得真是太可怕了。」是啊，世上各種工作，都需要經過專業培訓或取得證照，但大部分父母親肩負教養這麼重大的工作，竟然都不曾接受完整的課程。

幸好今日，教養與閱讀教學的專家丘美珍，在三位孩子都升上大學後，苦心造詣為家長整理這本為教養增能的好書。丘美珍期待這本書可以增強父母親溝

通、領導、管理及學習四種能力。並且在閱讀全書之後，可以不憂不懼，更有自信，為台灣教養珍貴的下一代。

——蔡淇華　台中市立惠文高中圖書館主任

—自序—

充滿驚喜、驚嚇與驚奇的生命提問

撰寫這本書的過程中，我重新回顧了自己做為母親的旅程，充滿感恩。

我是三個小孩的母親，成為母親至今進入第二十三年。我曾經是工作家庭兩頭燒的職業婦女，也曾經毅然辭去努力二十年的工作，回家陪伴小孩。我擔任全職媽媽，長達十二年。四年前，又重返職場，成為上班族。

在成為母親之前，我熱愛我的工作，全心投入。看到有同事捨棄職涯回家陪伴小孩，還跟她說：「其實小孩不用你陪伴，也會自己長大。」現在想到這件事，覺得白目。當時年輕的我，並沒有意識到親子陪伴的珍貴，我還停留在「人生以工作為目的」的階段，享受著工作為我帶來的成就感和安全感。

但是，身為三個孩子的母親，我的人生到了某一年，再也無法兼顧工作與家庭，必須做出取捨，結果我捨棄了職場，進入家庭。這些年來，心境起伏，有時覺得歲月靜好，有時覺得激憤難平，許多念頭在我的腦子裡和心裡互相激盪辯證，讓我對於職場與家庭的生態，有了更多的思考。

綜合言之，不論是身為工作媽媽或全職媽媽，在親子陪伴的過程中，我們在探索的其實是生命教育，也就是這三個核心提問：

人為何而活？人應該如何生活？人如何能夠活出應活的生命？

這是關乎「親」與「子」雙方的生命教育，如此宏大的提問，很難用三言兩語來回答，所以我不知不覺花了二十三年的時間，回溯歲月的軌跡，嘗試提出自己的答案，結果，就寫成了這本書。

透過這本書，我想傳達的訊息是：

1. 親子關係是終身的，但親子教養不是：

任何親密關係都需要界線，親子關係也是。做為父母，在孩子未成年時，用心教養，但是，孩子一旦成年，我尊重他對人生的選擇，停止教養，因為，那是他的人生，不是我的。

2. 做為父母，盡力就好：

身為父母是人生中很特別的挑戰，我們盡力而為。但是，如果有一天，你覺得自己對孩子的付出，已經超過自己體力和財力的負荷，那就是該停止施力的時候。孩子不需要完美的父母，他們需要的是能夠以智慧陪伴他們的父母。

3. 大人的幸福跟小孩的幸福，一樣重要：

成立家庭，是為了讓家裡的每一位成員都變得更幸福！在我們設想孩子幸福人生的時候，也不要忘記追求大人的幸福。

在一般人的眼中，我們家的三個孩子是教養的正面典範：他們身心均衡、有自己的興趣、求學過程順利（都考上自己心中的第一志願）、與家人關係和諧、與社會上的人有合宜的互動。

然而，就如同我媽常掛在嘴邊的那一句話：「教子無師傅（台語）。」我深知每一家的親子教養，都會有獨特的情境，並沒有誰家的教養故事，可以完全套用到另外一家。所以，這本書不只記錄了我們家的教養歷程，我也採訪了具代表性的各家教養故事，從中找出可以省思的重點。

這本教養書，我刻意不去彰顯誰家孩子有多厲害的成就，而是希望聚焦於大人對於教養的思考和抉擇，因為這正是我們可以客觀看待的歷程。

如果教養只局限在各家的真實歷程，而少了實證科學的探究，未免太小看教養的難度。所以，我也盡可能蒐集相關的書籍和文獻，做為佐證，呈現出教養的藝術和科學。希望這些努力，能讓這本書更完整地詮釋教養的全貌。

養兒育女的專案，最終的目標是什麼？這個答案，因人而異。在我們家，重點是放在：希望孩子最終能擁有一個幸福的人生。

這個說法看起來很老套，卻不容易達到。大人在教養孩子的過程中，會有許多念頭，有時會陷入教養的陷阱而不自知。我在這些年不間斷地思考並自我對話，最後找出了上面這個答案。這本書是我試著實踐這個目標的過程，希望能對讀者有所幫助。

這本書成書過程中，感謝我的朋友們願意接受我的請託，分享他們被父母教養以及教養孩子的經驗。每一家的故事都有動人之處，只可惜限於篇幅，無法一一詳述，但其中的精華已經融入這本書的字裡行間，豐富了這本書的內涵，在此致上最深刻的謝意。

感謝我的父母、外公外婆、我的手足，從我幼年至今，一路陪伴，在我的生命中注入源源不絕的關愛，讓我在這個世界上能感到幸福。感謝我婆家的家人，在我婚後這些年，給了我強力的後盾，讓我學會在工作與家庭間轉換而沒有遺憾。

感謝我的隊友和孩子們，因著上帝的安排，來到我的生命中，組隊一起探索人生。這段旅程剛開始是兩個人，後來變成三個人、四個人、五個人，真的是一路充滿驚喜、驚嚇與驚奇！過去的一切，已經變成故事，未來的一切，值得期待。

做為工作媽媽，沒有老闆的支持，是不可能好好工作的。感謝我曾經的老闆 Katie，以及現在的老闆 Maurice，他們用最堅定的行動支持我照顧家人，成為我在職場的堅強後盾。

這本書裡的部分文章，曾經刊登在天下《獨立評論》、遠見《華人精英論壇》，感謝這兩個園地讓我有機會發表所思所想。經過改寫，這些文章，完美地嵌合在新書架構中，讓這本書顯現出更豐富的樣貌。

最後，要感謝我的學妹彭菊仙老師，如果不是她的鼓勵，我應該還是沒有勇氣寫下這本書；也謝謝天下文化的總編輯佩穎、資深主編怡琳、行銷施玉，一起讓這本書以最美好的樣子，呈現給讀者。

希望這本書能夠打開讀者更多的想像，並且鼓勵父母們打破自身經驗的框架，為自己和孩子們勾勒出自由而幸福的人生！

美珍　二〇二五年春

前言

關於教養，我不做的幾件事

曾經，一個美語補習班公開一對小學兄妹一週七天的密集時間表，引起熱議。這讓我想起，有三個孩子的我，在孩子小學時，曾有過的教養困惑。

家裡的第一個孩子，承載了許多我對教養的想像。這些想像，有些是從書上看到的，有些是從別人的話語中聽到的。

總之，在老大小一時，我為她安排了一個非常精實的時間表。週間學校放學後，去安親班寫功課，之後可能會有英文課、心算課、舞蹈課、繪畫課、鋼琴課。晚上六點前結束所有課程，回家吃晚餐。

安排出這樣精實的時間表，現在想來，是出於新手媽媽的我，心中的恐懼：

「如果我的孩子，有特別的天賦，但沒有受到教育，是不是太可惜？」

「如果我的孩子，沒有好好學英文，會不會輸在起跑點？」

但這樣的時間表，首先受到家人的挑戰。

「小一的孩子早上出門，天黑才回家，這樣會不會太勞累了？」阿嬤說。

「孩子的英文不用太好，英文太好以後在國外發展，我一年只能見他們一、兩次，太少了！」我家隊友說。

最後，我天生不是個精實的人，我們家孩子看來也不是。總之，這樣的時間表持續沒有多久，就慢慢減縮，只保留孩子有興趣的項目，以及我覺得不能捨棄的英文，其他一切順其自然。

教養四不

時間快轉十五年到現在，家裡的三個孩子已經都上了大學。

以結果來說，孩子們健康平安地長大，學業順利，都考上自己心目中的第一志願，也有一、兩項自己能夠樂在其中的才藝，親子關係和樂，一切似乎並沒有什麼遺憾。

回顧這些年的過程，我發現自己的教養之道，不在「我多做什麼」，而在「我不做什麼」。仔細想想，我不做的是：

1. 不要恐懼

我一直清晰地記得，在老大剛剛滿月時，我手中懷抱著她，哄她入睡時，心裡感到十分惶恐，心想：「這個孩子的人生，就掌握在我的手中了嗎？」

這樣的恐懼，老實說，一直到我後來成為基督徒，才慢慢散去。所有對孩子未來的恐懼，我透過禱告交託出去：「不論在何種境況，請您與這孩子同在。請您賜福於他，擴張他的境界，讓他免受災厄，不受他無法承擔的艱苦。」願神能時時與孩子同在，這是讓我安心的力量。

這個禱告的意義在於相信「兒孫自有兒孫福」。父母對孩子的人生所擔負的責任，是有限責任而非無限責任。教養無他，愛與陪伴而已。

2. 不要憂慮

我本來有全職工作，後來因為種種考量，辭掉工作，回家陪伴小孩，孩子也因此沒有去上安親班，改成去學校的課輔班。

經過幾年，我觀察到一個有趣現象：沒有上安親班的孩子，在小學低年級時，成績可能不像其他有上安親班的孩子那麼穩定。但是，只要慢慢摸索出讀書跟考試的方法，孩子到中高年級，甚至國中以後，成績會持續進步，愈來愈好。

這是一段非常珍貴的歷程，因為，孩子正在摸索「學習如何學習」的心法和技巧。

研究大腦科學的專家說，要學會任何新知識，重點並不是時時刻刻都緊繃的輸入新知，而是要時緊時鬆，在「專注模式」與「放鬆模式」中切換。

「專注模式」（聚焦）的確可以讓大腦吸收新知，這些新知像是一塊一塊的知識拼圖，「放鬆模式」（發散）讓這些新知拼圖長出觸角，與大腦中既有的知識連結，或是彼此連結，這樣，這些新知就能留在大腦中，不會睡一覺就遺忘。

所以，學校的下課時間十分重要，因為這樣的放鬆模式，讓大腦可以保持效率，不致疲乏。

而在學習的過程中，孩子感覺困惑，去摸索各式各樣可能的解答，這樣的過程也同等重要。在摸索的過程中，通常孩子不一定很快學會，考得很好。但是，只要最終學會了，就是會了。

3. 不要受困於別人講述的世界觀

每一家的親子都有獨特的人格特質，適合別人家的，不見得適合自己家。每一家的資源和限制都不一樣。時時更新自己對這個世界的理解，找出適合自己家的教養心法和策略，是我一直在做的事。

社會學家說，一個家庭的資源，主要可以分成「經濟資本」、「文化資本」、「社會資本」。「經濟資本」象徵財力，「文化資本」可說是知識力，「社會資本」是人脈。這些資本有些仰賴傳承，有些靠白手起家的努力。根據每個家庭可以調動的資源，以及孩子的特質，會產生不同的教養策略。

以我們家的狀況來說，我後來決定了幾件事：

- 小學到中學都選擇離家近的公立學校（身心安適，吃飽睡好更能學得好）。
- 告訴孩子：

⊙不用拘泥於大學的排名（學到你想學的比較重要）。

⊙在大部分的行業中，證照比學歷更重要（例如，念了頂大法律系但沒有國考證照，一樣無法當律師或司法官）。

- 如果孩子要出國念書，在能力範圍內，支持孩子念書（但先溝通父母會支持的具體金額，其他的請孩子自己想辦法）。
- 告訴孩子：

⊙工作的收入跟成就感不一定有正相關（有時候這會是兩難的抉擇，但都可以體驗看看，然後決定自己的生涯）。

4. 不要忘記，我們最終希望孩子有幸福的人生

科學家說，當我們覺得幸福時，表示大腦中的「幸福荷爾蒙」有絕妙的平衡。

幸福荷爾蒙主要有三種：

- **多巴胺**：接受挑戰，努力後有收穫。
- **血清素**：做自己喜歡的事，從中得到平靜和療癒。
- **催產素**：在人際之間有正面的連結，享受家人、朋友、寵物的陪伴。

看到這樣的科學發現，我恍然大悟。想到自己過去讀過所有關於幸福學的書，都不脫這些範疇。原來，人生幸福的密碼，竟然如此平易、樸實，人人都可想出自己的幸福組合。

陪伴能夠成就愛

關於教養，既然有「不做的事」，自然有「要做的事」，最重要的一件事，就是「有品質的陪伴」。

年紀愈小的孩子，愈需要大人專注的陪伴與互動，而學齡期的陪伴，則對孩子的學習能力有正面的助益。小學四年級以前，如果能每天有四小時有品質的陪伴時間，孩子的大腦可以更健全，情緒更穩定，更能應對學業和人際關係的挑戰。

有品質的陪伴，不論是跟孩子一起閱讀、一起做點心、一起做家事、一起出外散步，都能帶來親子的心靈連結。如果能常常彼此傾聽想法，分享感受，親子共處的記憶，將成為美好的回憶，療癒未來人生中可能的創傷。

有時聽說，教養是父母對孩子的「單戀」，但在過去這些與孩子共度的歲月中，我在教養過程中犯錯的時候，孩子往往能夠原諒我，以愛回報。我想，正是在這樣愛與陪伴的過程裡，我們和孩子一起完成了人生重要的修練，一起變成了更好的人。

教養是一段親子相伴的旅程，衷心祝福，每個孩子都能因此擁有幸福的人生。當然，大人也是。

第一部

不要恐懼，成爲父母，許願成爲更好的人

01 教養就是「練習成為父母」

一想到成為父母居然不用經過考試，就覺得真是太可怕了。
——日本作家伊坂幸太郎

「教養」包含了教和養。以英文來說，是 education（教育）加上 parenting（養育）。

在拉丁文裡面，教育的字根是 educare（引導出來），意思是透過大人的教育和培養，讓孩子找到最好的人生。

養育的英文，是 parenting。parent 是父母，父母加上 ing是進行式，表示「正在練習成為父母」*。

這樣，我們就可以看到，「教養」意味著一對父母練習生，陪伴孩子找到最好人生的歷程。

孩子出生之後，我們自然變成父母。但是，為父為母的態度、知識和能力，沒有人在最初就能全部理解。因此，也就是在教養孩子的同時，我們也要有意識地教育自己，如此，身為大人的我們才能進化，成為更好的父母。

如何為父為母？我們會從自己的父母那裡，從我們被教養的記憶中，學到為父為母的入門課。

因為好奇，我觀察並訪問了幾位朋友，想知道大家是如何被教養長大的。我好奇的是，經過歲月淬鍊，究竟父母親的言教身教或其他面向，有哪些會影響到下一代？

---

* 靈感來自我的朋友李惠貞的書《成為企劃人》。

傳承價值觀

結果發現，最容易影響下一代的，是父母對人對事的價值觀，以及日常生活的風格。

如果父親是創業家，對員工很溫暖，這種待人接物的態度，孩子就很容易複製到自己的職場。

或者，如果父母假日常常帶著孩子出遊，以自由的風格教養孩子，那麼自己成為父母時，也會認同這樣的生活風格，為孩子安排假日。

如果父親在家會洗碗，兒子長大之後會認為，做家事是理所當然的。如果母親習慣用煮食表達對家人的愛意，那麼女兒長大後，也可能認為家人一起吃飯是重要的儀式。

當然，當父母的價值觀有偏見時，也會原封不動地傳承給小孩。例如：有職業偏見的父母，會跟孩子說：當藝術家會餓死。或是，相信「人善被我欺」的父母，會跟孩子說：「這世界上的好人已經不多了，再不欺負就沒有了！」（以上是我親耳聽到的。）

如果是這樣，做為父母的我們，如何知道自己的確合宜地進行教養呢？在網路上流傳的一份「父母成績單」，或許可以參考。

這篇文章的作者曾經到國外拜訪親戚，發現親戚家的孩子有一項作業是：幫父母打成績。

這張父母成績單上列了十道提問，每月由孩子評分一次，有三種評分：很好（A+），還可以（A），待改進（B），評分結果讓爸媽看過之後簽名，再交回給老師。

成為父母需要的能力

這張父母成績單，對大人真是很好的提醒。一向以來，都是大人出考題給孩子，這是第一次，我看到孩子也可以為大人打分數。

從這張評分表也可以看出，理想的父母需要具備哪幾種核心能力：

- **溝通能力**：善於與伴侶、與孩子、與師長溝通。
- **領導能力**：帶領孩子建立好的日常習慣、正確的金錢觀、習得家務能力、注重飲食與運動。
- **管理能力**：管理時間、空間、資源的能力，例如維護環境，讓孩子能專心學習。
- **學習能力**：自己持續學習成長，並擔任孩子的學習教練，為孩子提供合宜的學習素材。

就我的觀察，能夠同時具備以上四種能力的父母，真的不多。但是，這也意味著，「成為父母」是一個逐漸積累實力的過程，我們依著個人的特質，會有天生就學得快、做得好的部分，也會有不太容易學會的部分。但是，只要有意識地察覺自己的問題，持續學習，我想，總是有機會愈做愈好的。

就我自己來說，以上四種能力，我最強的是「學習能力」，我一直都對學習新事物保有極高的興趣。所以，在孩子成長過程中，只要孩子碰到學習瓶頸，我總是能透過對話，提供有益的建議。也許因為如此，孩子在學業上不太令我操心，這可說是親子雙方的福氣。

但是，沒有人天生是完美的父母。如果問我，以上四種能力，哪一種最難？我想是：領導能力。

「領導能力」與「管理能力」不同，但是論到教養，兩者都很重要。要維持現狀，需要良好的管理能力；要改變現狀，帶領親子雙方追尋更好的未來，父母親需要習得的是領導能力。

一般提到領導能力，常常會覺得這是主管或高層的事，跟一般人沒有關係。但是，現在企業界熱門的討論議題，並不限於高層領導，更強調的是「自我領導」，也就是透過自我覺察，發現自己的優勢及弱勢，透過管理時間、管理自己的身心能量，來迎接未知的挑戰，不論這挑戰是來自家庭、學業、職場，或是自身的生命。

我後來發現，在家庭裡，在親子關係裡，父母親的領導力最需要發揮的地方，不是指揮孩子做這做那，而是透過對話與溝通，改變彼此的未來。

怎樣的對話，又要如何溝通呢？世界級的領導力教練葛史密斯（Marshall Goldsmith），曾經分享他與孩子溝通的故事，充滿智慧。

他說，多年前，他的女兒十一歲，兒子九歲。他曾經詢問孩子：「我要如何成為更好的父母？」

女兒說：「爸爸，你經常出差，這沒關係。但是，你回家之後，常常在接電話，看體育比賽，陪我的時間不多。」

葛史密斯謝謝女兒告訴他心聲，並且保證說：「爸爸會做得更好。」

從那天起，他給自己一個數字：四小時。他用一個小本子，記錄自己每天是否有花四小時陪伴家人。之後四年，他陪伴家人的時間，從九十二天漸增到一百三十五天！神奇的是，雖然陪伴家人的時間變多了，他的收入並沒有減少，反而增加。

到了第五年的元旦，他跟孩子說：「今年，我的新年新目標，就是要再增加陪伴你們的時間！」

沒想到孩子說：「爸爸，真的不用，我們覺得一年有五十天就好了。」*

短短幾年，孩子已經長大，變成青少年了。他們不再那麼依戀父母，而準備去探索家庭以外的新世界了！

＊取材自EMBA雜誌頻道YouTube「領導力發展模式01」提問。

第二部

不要憂慮，善用教養的十大助力

02 陪伴：與孩子共度的時間，就是愛

點點滴滴的親子相處時光，是對人生有益的幸福資產。

一九三八年開始的哈佛大學格蘭特研究（Grant Study），是心理學領域最長壽的縱向研究之一。這個研究至今已持續了八十七年，追蹤了兩百六十八名哈佛大學男性學生（後來擴及他們的下一代），記錄他們的人生發展，包括家庭關係、職業成就、心理健康和幸福感。

研究發現，在童年時與母親關係良好的孩子，在成年後更容易感到幸福、社交能力更強、婚姻更穩定，甚至在職場上也較成功。

與父親關係良好的孩子，在職業發展上更容易獲得成就，財務狀況更佳，並且較少出現焦慮與憂鬱症狀。

研究中說：「最能預測一個人晚年幸福感的，並不是財富或職業成就，而是童年時期與父母的關係品質。」在我看來，這就是親子陪伴的力量。

許多人會好奇，我從職場辭職回家變成全職媽媽，對於教養這件事，到底有什麼根本的不同？我不知道別人是否如此，但我自己很明顯地感覺到，做為工作媽媽和全職媽媽，對於「陪伴」的體驗不同。

我自己還沒當媽媽時，是個熱愛工作的人。我選擇的這一行（文字媒體），是從小學六年級就認定的職業，即使有工作壓力，但是充滿挑戰和樂趣，同事都是鬼才，相處起來有各種驚喜。那時的我，就算是假日也很享受工作。只要放假太久，我就覺得無趣，期待能夠趕快進辦公室，跟同事一起說說笑笑。

這樣的我，看到有朋友辭職回家陪伴小孩時，還曾經說出「小孩子不用陪伴，也會自己長大」這種話，即便我自己是由全職媽媽陪伴長大的孩子，那時的我，卻不懂陪伴的價值。

陪伴的價值

在孩子兩歲、四歲、六歲時，三個孩子各自出現一些身心的狀況，或是個性的偏差，讓我擔心。那時候，我想到童年時曾經發生的一件事。

我小時候，我們家開雜貨店，那時候還沒有便利商店，就是很傳統的、什麼都賣的柑仔店。雜貨店的生意不好也不壞，勉強可以為家裡帶來一些收入，利潤很微薄。

我是長女，家裡還有兩個弟弟一個妹妹。我小學一、二年級的時候，媽媽幾乎全天都在家，只有買菜或為店裡補貨，才會出門。她一邊照顧雜貨店，一邊處理家務，我每天回家都看得到她，從來不用帶鑰匙。

我的成績一直不錯，直到小學三年級。

那時候，爸爸的朋友推薦了另一個生意更好的開店地點，在一個大市場裡面，離家車程大概三十分鐘。那個店面的收入是我家雜貨店的五倍。爸爸想著，與其守著家裡的小店，不如轉進大市場，這樣能掙得更多收入。於是他說服媽媽去經營新的店面，媽媽也覺得可以一試。她每天把大部分的時間放在新雜貨店，十分忙碌。而放學回家的我，因為看不到媽媽，開始了自由的課後時間。

沒多久，媽媽發現我的成績退步了，而且開始說謊。她決定跟爸爸商量，不要去照顧新的生意，要回家顧小孩。她說：「賺再多錢，孩子學壞了也沒有用。」最後，爸爸同意了，一切又回到原來的樣子。

究竟為什麼媽媽（或爸爸）在家陪伴日常生活，如此重要？因為培養親子關係需要時間，而充裕的相處時間，往往能帶來更好的相處品質。

我自己比較過，身為工作媽媽和全職媽媽的我，跟孩子相處的日常，真的不太一樣。

全職媽媽的陪伴

以我工作的狀況來說，在週間，回到家真正能跟孩子在一起的時間，是晚上八點到十點。這兩個小時裡，大人上了一天班，身心疲累，自己也很想耍廢，所以照顧孩子洗澡、簽聯絡簿，隨意聊聊天，講個故事，就到了孩子就寢的時間。

週末呢？考慮到孩子年紀不同，體力不同，天氣有好有壞，全家又要一起行動，能去的地方就是公園，或寬敞的室內空間：博物館、美術館、大賣場等。

成為全職媽媽之後，我才發現，陪伴孩子可以做的事情那麼多。最明顯的是，因為相處時間變長，為孩子拍攝的照片變多了！我有更多時間參與孩子在校的不同活動，為親子相處增加多元的經驗，豐富了親子互動的記憶。

在孩子小學低年級時，我入班擔任故事媽媽，為孩子也為孩子的同學講各種故事。在孩子因為各種原因上台領獎時，可以在台下幫她拍照。擔任交通導護媽媽，披上黃色反光背心，指揮交通，讓孩子們安心上學放學。幫助老師一起策劃萬聖節闖關活動，或是冬至到校跟孩子全班一起包湯圓。等孩子到中年級，參與學校的競賽需要練習時，有空的家長也比較能夠分擔任務，協助排練。

我認識很多孩子的同學，叫得出名字，知道他們的個性。參加學校日，也能跟老師交換孩子生活或學習的脈絡，而不只是看到孩子學習的成果。

對孩子來說，這些點點滴滴的親子相處時光，是對人生有益的幸福資產。對父母來說，這些與孩子培養出來的好感情，讓大人可以得到一個特權：管教（而不破壞親子關係）的權利。

所有的父母親都了解，管教孩子很重要，但是管教的頻率很微妙。通常管教就是在對孩子「糾錯」：晚上要早點睡覺，上學不要遲到，吃飯不要偏食，寫功課不要拖拖拉拉……如果日常的親子對話中，大人一開口就是管教，這樣的關係很難不緊張。

我自己還是工作媽媽時，下班回到家只剩兩個小時跟孩子相處，為了確保他們所有的事都要做對，不要出錯，親子對話會自動進入「有效率的管教模式」，讓大人很緊張，小孩很焦慮。

管教的壓力

那段時間，也是我特別愛用賞罰的時候：獎勵孩子做好他們的日常，處罰他們偶爾的脫軌。

我這樣做，並不覺得有什麼不對勁。直到有一天，我在打公司同事的考績時，突然意識到：孩子跟我的關係，怎麼跟部屬和主管的關係那麼像？我也意識到，原來，在我的原生家庭裡，我跟爸爸的關係也是如此。結果，從小到大，我在爸爸面前，永遠要展現「我做得很好」的樣子，從來沒有把我的困惑、我的問題跟他討論過。

這真的是我想要跟孩子建立的親子關係嗎？

直到我回家當全職媽媽，跟孩子相處的時間多了，許多「糾錯」成了對話，很自然地在日常生活中出現，我似乎不需要刻意「管教」，而是透過更多相處發揮影響力。下午接他們從學校回家時，聊聊今天學校發生的事情，老師如何，同學如何。對話中如果有感覺他的困惑，就談談自己的價值觀，如果是我，會怎麼處理這樣的衝突。跟孩子相處的時間變多，可以用「影響」取代「管教」，這是全職媽媽的特權。

但人生的事，就是帶著一點黑色幽默。

有一次跟媽媽提到，我是因為她那句「賺再多錢，孩子學壞了也沒有用」，而辭職回家的。本來預期她會稱讚我有智慧，沒想到她說：「其實那時候你的工作還不錯，繼續做下去也沒關係。」讓我當場傻眼。

我後來想通了，她雖然是我的媽媽，但她一定不了解，當時的我，要兼顧工作與家庭多麼困難。而我回歸家庭，最初也許真的是媽媽說的那句話，但是，本來打算回家兩年就好，後來延長到四年，最後變成十二年，這樣的歷程，絕對不只是媽媽的一句話，而是：我看到了陪伴的力量。

工作父母的陪伴

忙碌的上班媽媽，要如何在日常生活中陪伴孩子呢？

我的朋友素惠一直是上班媽媽，在雜誌社擔任總編輯，星期一到五是工作日，晚上才見得到孩子。在兩個女兒幼稚園和小學時，她每晚睡前鑽進孩子的房間，一起躺平聊天。

聊什麼呢？聊今天的生活。素惠說，因為是睡前聊天，她希望談話的氛圍是溫暖正面的。她會先問：「來，說說你們今天最開心的事。」想說的人可以先說，三人輪流發表。「我們家沒有講睡前故事，就是聊天，」素惠說，這樣的睡前儀式，大概會進行二十分鐘，直到女兒念高中才停止。

但是如果那天沒有開心的事呢？素惠說，孩子當然會碰到平淡的日子，也會碰到很難過的事。這時候，素惠就會繼續提問，鼓勵她們多說一點。或是，說說她自己曾經碰過的棘手狀況，以及自己是如何處理的。

「在整個對話過程中，我盡量維持好奇和同理，不說教，要不然很難每天持續下去。」素惠說。

最後，她會再追問一次最初的提問，讓談話在正向的氛圍中結束：「剛說的這部分是不開心的事情，那麼你今天最開心的事情是什麼？」素惠說，這可以讓孩子學習感恩日常中看似平凡的事情，不然很容易被負面的事情影響。

隨著素惠的訴說，眼前有一幅親子對話的場景慢慢展開。我彷彿看到了每個家庭裡的父母和孩子，因為這樣的相依相伴，豐富了彼此的人生，最終，讓我們的生命，因此變得更幸福。

03

盟友：教養孩子，需要全村的力量

盟友相助，走得快，且走得遠。

教養不只是父母親的事，而是團隊協作的結果。在教養的旅程中，父母親務必要尋找能夠一起教養孩子的夥伴，而且，這些夥伴要具有某些能量，讓教養的結果變得更好。

現實世界中，父母能夠仰賴的盟友至少有三種：家人、家長、社團。

家人團隊：喘息照顧及情感支持

我們家的三個孩子，成長於大家庭。從出生到高中的階段，他們幾乎每天晚上都在大餐桌上，跟全家人一起用餐。大家庭的成員全部到齊是十三人，包括了阿公阿嬤、大伯父全家四人、姑姑姑丈、我們家五人。

全家人同在的晚餐，具有神奇的儀式感和療癒的力量，吃飯是心情放鬆的時刻，不同的話題在餐桌上流轉。大人談白天的工作，孩子談學校的老師和同學；孩子從大人的談話中，了解職場的眉角，大人從孩子的談話中，重溫自己的年少時光，並且更新對新世代的理解。

這群家人就是我的「村子」，我的教養協作團隊。尤其在三個孩子是零歲、兩歲、四歲時，我還有全職工作，沒有家人幫助，實在無法度日。

在我三十六至四十歲這四年，真正感受到蠟燭兩頭燒的痛苦。曾經不孕的我，體質轉變，結果在四年裡生了三個小孩。

在三十五歲生下第一胎後，老二在兩年後來報到，之後是老三。孩子出生後，晚上要餵奶，很難一覺到天亮。懷孕到最後幾個月，因為孕肚壓迫，也不可能一覺到天亮。

那時先生在新竹教書，一週裡有三天會在新竹過夜，晚上我一打三，照顧零歲、兩歲、四歲的三個小小孩，夜間睡眠品質很糟糕，白天一睜開眼睛就要準備上班。但是我太喜歡自己的工作，捨不得放棄，情願忍受每天睡眠不足的日子，如此過了四年。

現在回想起來，當時我的身心疲累到極點，下班一回家就忙著打點三個小孩，我忙到曾經一個禮拜沒有坐在客廳的沙發上。我完全沒有自己的時間。晚上躲進浴室洗澡時，幼小孩子在門外一直敲門，問媽媽什麼時候出來？

然後，我刻意躲著，因為珍惜這一天裡面，唯一可以獨處的時間。我想拖延的時間長一點，孩子就會走開，自己去玩遊戲。

當我洗完澡，打開浴室門，看到孩子等太久，在浴室門口的地墊上趴著睡著了，像一隻依戀媽媽的小狗一樣。我伸手把他抱起來，心裡充滿罪惡感。然後我抱他上床，之後講故事，哄兩個姊姊睡覺。

類似這種罪惡感，常常襲擊那時候的我。有一年母親節，我最好的朋友送我康乃馨，我只覺得想哭，我跟她說，我配不上康乃馨，我覺得自己是個很糟糕的媽媽。

親子長照需要幫手

現在想來，我實在太輕忽照顧孩子其實也是一種「親子長照」，絕對不可能由一人獨力承擔，尤其是照顧三個小孩。根據我的經驗，一個孩子如果能由兩位大人照顧，照顧者比較能有喘息空間。以此類推，三個孩子就需要六個大人。

雖然晚上大都由我一人單打，但是，很幸運的是，夫家是個大家庭，我跟先生的家人住在同一棟樓，不同樓層。後來我們家的三個孩子，的確是由公婆、大姑大姑丈，以及我和先生組成的六人團隊一起照顧。早上我出門上班前，會把老二老三帶到樓上公婆家，之後帶老大去幼稚園，自己去上班。

白天的時間，能幹的婆婆會負責照料孩子吃飯、睡午覺、洗澡，公公則負責帶孩子出去散步。傍晚，大姑和大姑丈從大學下課後，會陪孩子玩耍，讓公婆喘息一下。晚餐後，下班的我或先生，再把孩子們接回家。

回到家，通常已是晚上八點，三個孩子才有跟爸媽在一起的時間，他們會想要跟爸媽多相處，需要一路陪伴到他們就寢。

那幾年真的很累，因為假日也是以孩子為主的行程。我後來意識到，二〇〇三到二〇〇九這六年，我的世界只由三點連接而成：我家、公司、公婆家。所謂的自我，真正存在的時間，就只有通勤到公司，以及從公司通勤回家的時間而已。

雖然生活不輕鬆，但我知道自己是幸運的，有家人一起組成教養團隊，令人安心。我就這樣且戰且走，撐了好幾年，直到老大上小學，我決定辭職回家為止。

孩子小的時候，家人團隊提供不間斷的陪伴，讓我的體力可以適當調節，減少暴怒，與孩子創造更多「有品質的相處時間」。直到現在，我都還是非常感念家人們的付出。

前陣子與大女兒聊天，問到：「你覺得自己的價值觀，有受到哪些大人的影響呢？」

她很肯定地說：「家裡的大人。」

她說，她從我這裡學到如何支持家人，從爸爸那裡學到如何均衡安排生活，從姑姑那裡學到批判思考的態度，從姑丈那裡學到自學的力量。

有陪伴就會產生影響力，家人團隊的正面陪伴，對孩子的人生的確有長遠的影響。這是我的體悟。

如果不跟家人住在一起，如何去找到自己的村子？

家長團隊：小村子召集媽媽一起陪伴孩子

住在新竹的雅雪有四個小孩，是竹科媽媽的一員。有四個小孩實在是太少見了，她看到我敬佩的眼神，俏皮地說：其中有兩個是雙胞胎啦！

雅雪說，新竹科學園區的工程師家庭，大部分是外來人口，很難有家人支援，一切要靠自己。而竹科爸爸的工作很難準時下班，雅雪說，她的隊友只要出門上班，就會完全忘記他有四個小孩。許多竹科媽媽，週間到了晚上七點，還常常不知道先生今天到底幾點會回家，或是會不會回家。之前竹科還曾經有一個公司名叫晨星科技（後來與聯發科合併），聽說就是因為，在那裡工作的人，常常在辦公室看到早晨的星星。

竹科爸爸的工作如此嚴峻，因此產生了一批高學歷的全職媽媽。有四個孩子的雅雪，決定要找到自己的小村子，實踐群體陪伴。

她找到離新竹市不遠、頭前溪畔的開闊河濱地，跟當地里長租下無人使用、半荒廢的里民中心，跟媽媽朋友、孩子們一起，運用假日的時間，把那裡的廚房、廁所整理好，也跟即將結束營業的幼稚園，便宜買下一些玩具、教具，還有戶外的遊戲設施。簡單整理之後，就開放給曾經一起參與過親子小聚的媽媽們，可以帶孩子來這裡玩，入場費僅收每人五十元。

她把這裡命名為「小村子」。一開始，雅雪就很清楚，這個小村子是為了陪伴媽媽，滿足媽媽吃喝玩樂，而不是為了栽培小孩。所以，小村子的最高原則，就是媽媽動口不動手，媽媽坐著喝茶聊天，看著孩子在戶外的廣大野地上奔跑、玩遊戲、餵羊、烤地瓜，跟著當地鄰居學種田。中午，一家帶一個菜聚餐，孩子吃飽了之後繼續到外面玩，這樣，很快的，一天就過了。

「看到孩子們在戶外空間玩一整天，毫不厭倦，讓我意識到，孩子們真的很需要這樣自由、無拘束的跑跳空間。有了這樣的地方，陪伴孩子變得很輕鬆。有許多孩子在其他地方學不會騎腳踏車，在這裡很快就會了！」雅雪說。

早上及晚上，例行公事是要整理環境，曾經當過小學老師的雅雪，在此時發揮她指揮小孩動手整理環境的本事：「我就問，有人可以幫忙擦桌子嗎？有人擦桌子很厲害嗎？」這時候就會有幾位孩子，自告奮勇地拿著抹布，開始展現自己的實力。有時雅雪會舉辦拖地大賽，室內有兩個排球場那麼大的空間，孩子為了得到稱讚，認真到跪在地上拿著抹布擦地板。

在許多親子活動，常常看到媽媽拿著水壺，滿場追著小孩餵水喝。雅雪說，這樣媽媽太累了，違反小村子的原則，「每隔一陣子，我就提醒小孩，你們的媽媽該喝水了，去檢查一下你們的媽媽有沒有喝水。」然後媽媽跟孩子就一起喝水，補充水分。

在小村子，媽媽們彼此也會交流才藝，或者換工。例如，擅長組織讀書會的媽媽，就來召集讀書會，很會烘焙或者愛玩桌遊的媽媽，也會帶著大家一起玩。有一位擅長瑜伽的媽媽，第一次授課就是在小村子。這位媽媽在生完第二胎之後，身體受傷，情緒陷入長期憂鬱，後來是靠著瑜伽走出憂鬱症。

雅雪說，這位媽媽雖然答應要來教課，但是臨到要來上課那一天，突然怯場，後來受到兒子鼓勵，才勇敢上場教課。沒想到當天上完課，媽媽們給了很多迴響，久久不散，還有很多人問她問題。這一次經驗，給了她自信和成就感！

那次上完課之後，她下定決心要繼續進修瑜伽，後來拿到證照，現在已經在健身房教課，也協助老闆負責日常營運。她在小村子的第一堂課，開啟了她新生涯的契機。

社團洗禮：學校學不到的成長

我的另一位朋友舒瑄，則是把孩子帶進社團，讓孩子在社團中成長。

荒野保護協會親子團，是台灣知名的自然生態教育社團，這個社團特別強調親子共同參與，社團根據孩子的年紀，從小學到高中，有嚴謹的分群組織，社團的運作嚴密，有特殊的文化，包括父母孩子，都要先為自己取一個自然名（在自然中找得到的植物動物昆蟲星辰石頭等），做為在社團中的名字，所以，荒野的親子，都有美麗的名字，例如鳶尾花、雲朵、鰹鳥、蘋果、海豚、壁宿二……。

舒瑄是程式設計師，她曾經在家裡全職陪伴兩個孩子八年。這段時間，也是她帶著孩子全心投入荒野社團活動的時候。她一入團，就持續接受教育訓練，擔任過孩子小隊的輔導員，也曾經擔任過團長。我問她，荒野帶團，最大的收穫是什麼？她說：「我學會跟各式各樣的孩子相處，因此回到家裡，對自己的孩子更有耐性。」

舒瑄的兒子白猴（自然名），從小學六年級開始參加荒野，直到上了建國中學後，才因課業繁忙退團。我問白猴，在荒野保護協會學習到最多的是什麼？他毫不猶豫地說：生態小旅行。

生態小旅行，是帶著生態任務的小旅行，是協會在寒暑假的重點活動，通常是三天兩夜，由四到七個孩子組成小隊，由一至兩位輔導員陪同，到全台灣各地宣導生態任務。

這種小旅行跟爸媽出遊的觀光行程不同，強調的是由孩子自主規劃、自主執行，從決定地點、安排食宿交通，選定生態宣導訴求（針對 PM2.5 或藻礁等議題），製作文宣，全部由孩子商量議定，而且，每次小旅行會有一個倡議成果的量化目標，例如：要請三百位路人在聽完宣導後簽名，表示支持這個倡議。

這樣帶有任務的行程，在出發前，小隊要召集爸媽，做一次行前簡報。在簡報中，會重新審視整個旅行的流程和訴求，大人也會提出批評，並建議行動計畫再做調整。孩子們通常會發現，經過集思廣益，修正後的計畫比原來更完整，也因此培養了接受意見的雅量。

有一次由小六到國二的孩子（包括小石頭、羊駝、冰冠龍、小溪）組成的四人小隊，規劃到台中三天兩夜小旅行，進行 PM2.5 的宣導。小隊員各有分工，有人負責規劃預算，確實記帳，有人負責交通及景點，在緊湊的行程中安排什麼時候走路，什麼時候坐車，什麼時候可以在預算內吃到美食。

要開口向陌生人倡議並不容易，光是要把路人攔下來，就常有挫折。有一個隊員甚至連續被拒絕了五次，非常沮喪。後來小隊應變調整，如果有人連續被拒絕兩次，就換下一個人出面。這些事情如果不是一群人一起行動，很難做到。

跟夥伴一起互相激勵，一起度過難關，最後一起歡呼慶賀達成任務，是非常珍貴的人生記憶，一輩子都會記得。

在教養的旅程，有盟友相助，不但能走得快，而且能走得遠。來自家人的幫助，令人安心；來自其他家長的協助，可以抒解壓力；參與社團，易子而教，可以讓孩子找到多元的典範。受過盟友相助的我，心懷感恩，在孩子長大之後，我期待，往後也可以成為別人的盟友。

04 手足：能凝聚手足的，就是父母

讓孩子感受到擁有手足的幸福。

我自己是同時擁有兄弟姊妹的人，跟哥哥尤其親近。

童年時因為哥哥喜歡玩各種棋，象棋、跳棋、三軍棋，還有大富翁，我就成了哥哥的玩伴。小學時候，我會拿他的國中國文課本來讀，很早就把課本裡的詩詞背起來。他在學校書展買了王鼎鈞的《開放的人生》，帶回家放在書架上，我無意間翻閱到，大大驚豔，這開啟我對文字的喜愛。從此之後，每當學校有書展，我會流連在爾雅、九歌等出版社的書區，猶豫著自己那有限的零用錢，究竟要選哪幾本。

後來哥哥去讀工專，有一天放學時，他非常興奮！他說現在台灣有一種個人可以用的電腦，運算能力十分強大，叫作「小教授」（宏碁生產了台灣第一台個人電腦）。我人生中第一次聽到「個人電腦」這個詞，不是從報紙，而是哥哥告訴我的。

通常他迷上什麼，就會跟我分享。他愛上攝影時，就在家裡拆攝影鏡頭給我看。當兵時他抽到海軍，船上學會了做蔥油餅，放假回家就做給我吃。等我大學畢業就業後，終於可以對他的人生有點貢獻：幫他打理衣著，追女朋友。

受到哥哥的影響，我成長過程中的玩具，不太女性化，也對理工世界永保好奇心。手足之間會分享興趣，因此得以看到更廣闊的人生，這是哥哥對我人生最大的影響。

在我自己的人生經驗中，中年以後，更加感受到擁有手足的幸福，尤其在面對長輩老病死的時刻，有人可以分擔照顧的責任，可以分擔長輩離世的哀痛，這是很大的福氣。

手足的助益

當初跟先生討論要生幾個小孩，就覺得一個太少，兩個ＯＫ，三個也還可以。現在我家的三個孩子，都已經是大學生了，感情很好。雖然平日各自關在自己的房間裡忙，但吃飯時間聚攏在餐桌時，三個年輕人說說笑笑，立刻把家裡變成青年旅館的熱鬧氛圍。

我問孩子，家裡有三個兄弟姊妹感覺如何？他們說：「很棒！在家裡就有朋友，不用出門。」我繼續問，有三個手足的缺點是什麼？他們狡猾地說：「因為在家裡就有朋友，所以不用出門認識新朋友。」

有許多研究支持，擁有手足確實能為人生帶來許多好處。手足關係是孩子學習社交技巧的起點，他們在互動當中學習分享、合作、解決衝突等能力。手足也能增強情緒支持，促進心理健康。擁有手足的人，較少出現憂鬱、焦慮的情況。

但是，手足關係也可能存在競爭、衝突等問題，如果父母處理不當，可能會對孩子的心理健康造成負面影響，而且持續一生。可以說，會破壞手足關係的，就是父母。

三個孩子幼小的時候，我體驗到，要讓孩子們彼此好好相待，首先要讓他們有穩固的安全感，知道爸媽不會偏心。

在懷第二胎時，我擔心妹妹出生後，姊姊會嫉妒妹妹受寵，因此在懷孕期間，常常鼓勵她一起想像，等妹妹出生後，她們可以一起玩的樣子。

但是等到生完妹妹，從醫院回家那一天，災難開始。兩歲的姊姊看到妹妹只要一哭，大人全都聚攏過去關心，自己被冷落在一旁，開始覺得大事不妙。之後那一週，只要妹妹哭，她也跟著哭，小小的臥室被兩個小孩的哭聲填滿，讓我也很想哭。

安頓手足的機智

媽媽在碰到這種絕境時，會有特別強大的生存本能，急中生智。有一天，我試著採取不同的做法，並且決定觀察結果。

之前，姊妹一起哭的時候，因為新生兒比較脆弱，我會優先處理妹妹的狀況，有時是餵奶，有時是換尿布。

這次，我決定「姊姊優先」。

不久之後，妹妹哭了，姊姊就像是收到提示，也跟著哭起來。我先目測妹妹應該沒有立即的危險，就轉向姊姊，在兩個孩子的哭聲中很鎮定地問她：「你怎麼了？」

姊姊哭著說：「我要拿那邊高高櫃子的娃娃，我拿不到。」

「好，媽媽幫你拿。」我把娃娃拿下來給她。

「還有需要我幫忙的嗎？」我問，並且注意到她已經不哭了。

「我想喝水。」

「好，我拿給你。」我把兒童水杯拿給她，她接過去，吸了兩口，看起來很滿足。

此時，妹妹的哭聲仍在繼續。

我問她：「妹妹現在正在哭，該怎麼辦呢？」

「要看看她是不是要換尿布了！」姊姊說。

果然過去幾天，她一直在默默觀察我如何照顧妹妹。我到妹妹床邊去察看，發現尿布濕了。

我跟姊姊說：「你怎麼知道妹妹要換尿布了，好厲害！可以當媽媽的小幫手，去幫妹妹拿一片尿布嗎？」

姊姊朗聲說：「好！」

她很快地找到尿布，遞過來給我。

從那一天起，她似乎確立了身為姊姊的安全感，更願意幫助我一起照顧妹妹。

等到老三弟弟出生時，同樣的情況再來一次，這時候憂鬱的是二女兒。

現在回看三個孩子小時候的照片，弟弟零歲時，在全家的合照裡，二女兒總是滿臉憂思，沒有笑容，弟弟出生後對她的衝擊，全寫在臉上。

我記得那時，只要有大人送弟弟任何吃的或用的，兩歲的二女兒就會在旁邊用童稚的聲音問：「那我呢？」她用有限的字彙，拚命想提醒大人：不要忘了我。現在想來，真是令人心疼。

與父母獨處之必要

在三個孩子中，排行中間的孩子，特別容易有這樣的心靈陰影。有一位醫師提醒我，這叫作「love frustration」（覺得自己不被愛），這種心結如果不解開，會是一輩子的陰影。我苦思如何化解孩子這樣的憂思，後來想出來的解方是「獨處」，她需要多一點單獨跟媽媽相處的時間。

在她小學一年級時，我已經辭職回家，有比較多的時間可以陪伴孩子，因應他們三個的需求，各自制定時間表。

那時也到了她要補習英文，去上英文班的時候。即便我們家附近有五個英文班，我還是選擇了更遠的、需要通勤半小時的另一個英文班，目的就是在這來回通勤的時間裡，跟女兒有獨處的時間和空間。每週兩次，我親自帶她過去，等她上完課，再帶她回來。我們在車上聊天，上完課去喝點飲料，說說笑笑。

在這段時間裡，媽媽只屬於她，排行中間的女兒，的確需要這樣的安全感。陪伴果然是修復關係的良藥，我很慶幸自己當初做了這樣的選擇。

排解手足紛爭

家裡有三個孩子，雖然很熱鬧，但是他們小時候一起玩，過不了多久就會有衝突，有人哭，有人拉扯，有人來告狀，真是令人煩心。這種手足相處的日常衝突，一日數次，如果要一一化解，聽他們說理，耗費很多時間。我知道三種處理的方法，高效又能幫助孩子恢復和平，繼續玩下去。

第一種是我阿嬤發明的「總打」（台語：一起打）。

我阿嬤在幼稚園工作，非常疼愛小孩，向來是孩子王，孩子們一有糾紛，就會跑來跟她告狀。這時候，阿嬤等孩子們七嘴八舌說完後，假裝沉思一下，之後睜開眼睛就吼出一句「總打」，意思是說，既然會鬧成這樣，一定每個人都有錯，那就一起受罰。

孩子們聽完，發現誰也得不到好處，當下一哄而散，繼續去玩別的遊戲。

阿嬤雖然口頭凶狠，但這麼多年我從沒看她認真執行打小孩，只是虛張聲勢罷了。奇怪的是，幼稚園的孩子們也知道，卻還是每日來告狀，同樣的情節每天要上演數次，只能說，幼稚園的孩子畢竟是太單純了（笑）。

第二種是我從朋友那裡聽來的「協商法」。

朋友家有兩個女兒，小時候打打鬧鬧，有人來告狀時，她總是非常鎮定地說：「媽媽相信你們可以找到解決的方法，等你們解決後，來我這裡領獎品。」這種方法總是十分奏效。

我問說：「那你會給什麼獎品？」

朋友眨眨眼說：「一個擁抱。」

這再次驗證：小孩真的很容易滿足。

在我們家，採用的是「喝水法」。

通常三個孩子玩了半小時，就會有一次爭執。我後來觀察到，這有可能是玩得太認真，渴了或餓了而不自知，生理不舒適會讓脾氣暴躁，大人小孩都一樣。所以，只要有人來告狀，我就會宣告暫停一下，大家先喝點水，轉移一下注意力。如果真的碰到需要機會教育的情況，就講講道理，再放他們回去繼續玩，直到下一次爭吵（攤手）。

避免比較，挑起競爭心

我觀察到另一個手足關係的地雷，是爸媽刻意比較手足的差異，無意間挑起手足的競爭心。

有一次跟孩子同學的媽媽聊天，她說：「我們家弟弟比較聰明，可以靠聰明念書，不像姊姊，只能靠努力，成績也沒有弟弟好。」

講這句話的時候，這位姊姊就站在旁邊，每一個字都聽到了。我當下非常替這位姊姊難過，因為這一定不是她第一次聽到媽媽這樣說，也不會是最後一次。

當大人的偏見內建在腦子裡，這些話語會不斷播放，每一次都讓孩子傷心。這樣的創傷，有可能持續很久很久。

父母這樣的比較，常常會被手足解讀為「偏心」。「你是姊姊所以要讓弟弟」，這是針對排行的偏心；「你是女生所以要多做點家事」，這是重男輕女的偏心；有時候爸爸會偏愛女兒，母親會偏愛兒子，這是針對性別的偏心。老實說，以上幾種偏心，都很常見，並沒有因為世代的不同而改變。

有研究說，覺得自己不被愛的孩子，身心都變得更脆弱。而受父母偏愛的孩子，承受了父母的期待，以及手足的敵意，長大以後身心也很容易陷入憂鬱。父母如果可以預見未來，知道自己的偏心，會讓所有的孩子都不快樂，是不是可以從現在開始改變呢？

如果我們不要比較孩子的單一能力，而去欣賞他們各自不同的樣貌，欣賞他們的努力，那就好了。我們需要多一點欣賞孩子的眼光，也需要學習更溫柔與孩子對話的方法。

身為父母，如果我們已經為孩子創造了手足，我們希望他們一輩子彼此支持，還是一輩子互相競爭、互相憎恨？其實，不同的結果，就在我們的一念之間。

05 界線：為心靈建立護城河

清楚表達自己的感受與需求，同時尊重對方。

對於雙薪家庭來說，要平衡工作和家庭，是困難的。但是當了父母之後，遲早，必須找出工作與家庭之間的界線。

擔任《經理人》月刊總編輯時，是我在職場上深感幸福的時候。老闆充分授權，工作內容很有創意，同事十分有趣。月刊有既定的工作節奏，為了因應每月一日出刊，通常每月二十日到二十六日是最忙碌的時刻，加班是常態，到了進印刷場前一天，通宵工作也很正常。

二〇〇五年十二月，我懷著老三，已經到了孕期的最後一個月，家裡有兩歲和四歲的女兒，那時先生在新竹的大學教課，常常在新竹過夜。

十二月二十五日那天晚上，是雜誌進印刷場前一天，我在編輯台的工作忙碌非常，一個晚上必須看完四十篇稿子到三校，連晚餐都沒有時間吃，跟同事一起趕進度。

我那時不知道，在家幫忙看顧兩個女兒的家人，也已經疲累到有火氣。兩個女兒想念媽媽，從八點之後打了五通電話到我辦公室，用哭腔問我什麼時候回家。但我的工作一直到晚上十點才結束，趕計程車回程途中，發現自己還沒有吃晚餐，就在巷口的小攤提了一袋米粉湯，小跑步趕回家。

進門那一刻，就聽到家人飆罵：「你算什麼媽媽？把小孩丟在家裡不回來照顧？你這樣對嗎？」我一聽突然湧上滿腹委屈，當下就哭了，但還是跟家人道歉和道謝，兩個孩子飛撲過來抱我。

送走家人後，我在廚房一邊吃米粉湯，一邊止不住眼淚，淚水滴落到湯裡，那一夜的晚餐分外苦澀。

與工作劃出界線

隔天我就進了產房，生下老三（弟弟）。在醫院那幾天，我重新思考很多事。如今我是三個孩子的母親了，過去我之所以能安心工作，是因為有一個強大的家人團隊，包括公婆大姑大姑丈做為後盾，他們分擔了孩子日常的照顧，讓我沒有後顧之憂。即便我如此熱愛工作，但是，工作的方式，是不是應該調整一下？是該劃出一條時間的界線，標定明確的、離開辦公室的時間。

休完產假回去上班，我跟同事協商，平日我最晚七點離開辦公室，在截稿期，最遲八點得回家，相關稿件確認都以電子郵件加上電話進行。這樣的改變，後來也驗證可行，直到我離職前，都是這樣工作。

除了跟工作劃定界線，跟家人也需要界線，尤其是姻親。

因為結婚而在法律上變成一家人，情感的基礎非常薄弱，要彼此理解，互相信任，需要花費的時間超乎想像的長，可能一輩子都做不到。以我來說，因為採訪工作，我從年輕就接觸很多人，自認很擅長觀察人的個性。但即便是這樣的我，真正覺得比較理解夫家一家人，是在結婚第十五年。而對方快言快語，我可以解讀出「他雖然講話很直但是沒有惡意」，是在結婚第二十九年。

尤其在大家庭，教養不只是父母跟孩子之間的事，家族裡的每一個人基於關心，都有可能毫不猶豫地，對你家的教養提出各種見解。如果剛好身處像我這樣的大家庭之中，每天有十三個人一起吃飯，身為母親的我，在適當的時空劃出界線，非常重要。但身為大家庭的媳婦，我能體會這其中的為難。

覺得心痛時，不要沉默

在孩子三歲、五歲、七歲時，我離開職場，因為孩子需要我。回家擔任主婦的日子非常忙碌，但我無論如何不想放棄自己鍾愛的採訪和寫作，所以，一有機會，我就會以特約作者的身分，與媒體或出版社合作。

在家的日子過了好幾年，孩子轉眼已經成為國高中生，可以獨立作息。那是尋常的一天，我下午安排了採訪，晚上應天下《獨立評論》的邀請，去看電影，準備寫影評。下午去採訪的是出版界前輩何飛鵬，相談甚歡。訪談結束，離晚上的行程還有一點時間，我先回家，交代小孩：「今晚媽媽沒有辦法煮飯，我給你們錢，自己出去買晚餐。」然後我懷抱著好心情，步履輕快地出門去看電影。

沒想到電影散場回到家，孩子轉述說：「今天晚上阿公阿嬤家的電視壞了，他們到我們家來看電視，發現我們在吃便利商店的晚餐，就大罵你不負責任，自己跑去看電影，讓小孩吃垃圾食物！」

我一聽當下就怒了！三個小孩都已經是國高中生了，我去看電影怎麼了？便利商店的食物有什麼不對？為什麼我要因為這種事情被罵？而且是我不在的時候，當著我小孩的面罵我？一秒間，我從順媳變成逆媳。

憤怒之後是傷心。我離開我那麼喜歡的工作，回家為這個大家庭煮了十年飯，竟然因為一餐沒煮被說不負責任，這個標籤令我好心痛，覺得自己被誤解。

看到這裡，也許有人覺得：這樣的公婆好嚴苛啊！但是，我得說，平日他們對我們這個小家庭十分愛護，只要我們有需要，他們就會立刻支援，而且不求回報，真是非常佛心的公婆。

但這一次，他們真的是越線了。當有人踩到你的腳，如果不喊痛，對方永遠不知道下次不可以這樣。我決定正視自己的情緒，在家族 LINE 群組發聲說明，解釋來龍去脈。

貼文出去之後，公婆讀過，特地當面跟我道歉。公公特別解釋，他青少年時，曾經有一段時間，他的母親會出去玩到晚上不煮飯，他從學校放學回家，沒有飯吃，家裡也沒有食材，他餓著讀書，餓到睡著。所以，「媽媽出去玩到不煮晚餐」是他的創傷。那一天，他應該是重疊了過去跟現在的時空，才會引爆那麼大的怒火。

我原來認定，家人一起好好吃一頓晚餐，是人生中的幸福記憶。沒想到，吃不到晚餐竟然是公公少年時的創傷。每個人的記憶像一個黑盒子，有時憤怒是畫了妝的悲傷，尤其對情感內斂的長輩來說，更是如此。家人因為衝突而彼此加深理解，真的是非常珍貴的經驗。

我慶幸自己標定了家人相處的界線，當對方越線時，也完整表達自己的感受，讓對方可以回應解釋，這是好深刻的學習。

練習設定界線

設立界線的重點，在於清楚表達自己的感受與需求，同時尊重對方。我自己很喜歡的溝通方式是：

- **使用「我」的語句：**避免指責或批評對方，而是表達自己的感受與需求。
- **態度堅定但溫和：**表達界線時要堅定，但同時保持溫和的態度。
- **用三段式的句子，來表達：**「當你……我感到……」、「我需要……」、「我希望你可以……」。

套用到上面我跟公婆的情境，可以是：

「當你們還不清楚原因，就在孩子面前指責我，我覺得很難過。」

「我需要你們尊重我。」

「我希望未來你們對我有任何建議或意見，可以直接跟我說。」

現在重新看待各種「界線」，充分感覺到其中有微妙的張力。時間的界線顯示了我們的價值觀，是我想要在「何人何事何物」花費心思。空間的界線則是保障了我們的安全感，任何人跨越界線，從公共領域進入私人領域後，會引發我們的恐懼和警戒，讓身心不得安寧。

身為父母，在時間空間有限的壓力之下，劃定界線可以讓心情更安定，讓生活忙而不亂，這真是非常重要的修練，讓我們一起學習。

06 困惑：幫孩子找到面對世界的姿態

看見孩子的原貌。

在教養孩子的漫漫長路上，大人難免有困惑的時刻。

孩子幼小的時候，非常可愛，但偶爾會有難以講理的時刻，這時候，我會讓孩子去面壁罰站。孩子一看情況不對，開始對爸爸撒嬌說：「爸爸你抱我罰站。」（到底是罰到誰？）

或者，再長大一些，進入小學能寫國字注音，孩子犯了錯，爸爸要她寫悔過書，結果女兒撕下一張便條紙，用鉛筆和童稚的字跡寫了幾句話，仔細一看是：

「我對不起上個ㄌㄧˇㄅㄞˋ（禮拜）發生的事，我真心的對不起。ㄙㄨㄟ（雖）然那時你的ㄋㄠˇㄉㄞˋ（腦袋）好像也呆呆的，不過我還是很對不起。」

這不是道歉文，而是控訴大人管教師出無名的控訴文吧？

雖然孩子從我們而來，但是，懷抱著嬰兒時，我們對他一無所知。親子關係是從陌生人開始的，在養育他們成人的過程中，就像在開箱一個新生命，有時是驚喜，有時是驚嚇。我們既有的經驗，常常不夠用，因此，在面對孩子的時候，我常有困惑。

如何了解一個人？有人會用星座、血型，有人會用MBTI，在孩子成長的過程中，我剛好接觸到九型人格學（Enneagram），在碰到教養困惑時，就試著用這樣的架構來理解孩子的內在特質。

要特別說明的是，不論哪一種方式（我姑且稱為性格學），都只是參考，不能彰顯孩子的全貌。如果只以單一的性格學來論斷孩子，把理論變成教養的聖經，無法周延，容易誤解。就像藝術學者賞析印象派大師莫內的名畫「睡蓮」，無論他的理論再精妙，那並不是畫作本身。那幅「睡蓮」，是已經罹患白內障的莫內，捕捉吉維尼花園中的魔幻光影，一筆一筆畫出的藝術品，獨一無二。每個孩子也是獨一無二的，生命的傑作。

探究孩子的性格

九型人格學把人的性格分為九種不同類型。每種類型都有獨特的動機、恐懼和行為模式，可以用來認識自己和他人，在人際關係中創造更好的互動。

九型人格學者認為，人的性格在童年時期就已基本形成，並且在成長過程中不斷受到環境和經驗的影響。每種類型的人都有核心的想望和恐懼，這些想望和恐懼驅使他們以特定的方式思考、感受和行動。

有哪幾種人格類型呢？

1. 完美主義者（The Reformer）：追求完美，但也容易批評自己和他人。

2. 助人者（The Helper）：關心他人，但有時會忽略自己的需求。

3. 成就者（The Achiever）：追求成功，但有時會為了達成目標而不擇手段。

4. 藝術家（The Individualist）：追求獨特和原創性，但有時會感到不被理解。

5. 思考者（The Investigator）：有求知欲，但有時過於抽離現實。

6. 忠誠者（The Loyalist）：忠誠可靠，但有時過於謹慎和猶豫不決。

7. 樂觀主義者（The Enthusiast）：喜歡嘗試新鮮事物，但有時過於衝動和不負責任。

8. 挑戰者（The Challenger）：勇於承擔、挑戰權威，但有時過於咄咄逼人和專斷。

9. 和平主義者（The Peacemaker）：追求和平和諧，但有時過於被動和優柔寡斷。

研究說，雖然主要人格類型有九種，但是一個人會受到鄰近的類型影響（例如第六型會受到第五型和第七型的影響），而出現混合的性格。另一方面，每一種類型都會有健康跟不健康的發展樣貌，所以大人在面對不同類型的孩子時，會有不同的教養重點*。

研究過九型人格後，我試著找出跟三個孩子相處的方式。希望能夠默默地在人生的某個時點，給他們適時的幫助。我雖然心裡這麼想，但實際上有許多跌跌撞撞的心痛時刻。其中跟二女兒的相處歷程，最有挑戰。

看見孩子的原貌

我記得二女兒剛上小一的時候，拿了她的數學作業給我簽名，我一看，怎麼十題裡面有五題被老師用紅筆打X，需要訂正。細看之下，題目只是簡單的加法，孩子以前是學過的，怎麼錯了？

老師特別圈出她寫的數字「8」，要她改正。所以，不是她不會加法，而是她的數字8寫的跟老師不一樣。

「為什麼不照老師的寫法呢？」我心裡覺得，這個應該不用堅持吧？

「我覺得我這樣寫比較好看。」小女生非常堅持自己的寫法。

小女生倔強地不想改變，老師也毫不退讓。就這樣，整整一個禮拜，數學作業本通篇滿江紅。我沉不住氣了，把孩子抓到電腦前，展示了幾個美術字的網頁，想要最後一次說服她。

「你看，數字的確是可以照你的意思設計的喔！不過，那是美術課做的事情，不是數學課。」

小女生看了不發一言，一雙大眼睛裡蘊含著複雜的眼神，那裡有困惑、氣憤、委屈。

「為什麼所有事情都要按照大人的意思？」她最後吐出這句話。

這不是她第一次提出這樣的問題。幼稚園時，她的班上有三十個同學，老師總在固定的時間帶他們一起去上廁所。有幾次我看到她總是落在隊伍最後面，後來忍不住問她為什麼，她反問我：「為什麼上廁所要一起去？你們大人都是想去的時候自己去。」

＊詳見《孩子應該適性教：九型人格告訴你，原來應該這樣與孩子相處》，胡挹芬著。

她在思考，可是大人們卻無法真的回應她：「這樣只是方便管理吧！」為了團體的秩序必須捨棄個人的自由，學習社會化，這是在學校教室裡無法爭辯的鐵律。也因此，小女生的小一生活極其黯淡。她開始上課不專心，沉浸在自己的世界裡，常常玩著鉛筆盒而無視於老師在講堂上說什麼。她被罰寫、罰拖地、罰下課不能出去玩……聯絡簿上如果有五項功課，她審視一遍，發現第四項不想做，就直接用橡皮擦把功課滅跡，以為神不知鬼不覺。

她常常忘帶課本回家，不然就是忘帶課本去學校。有幾次我去學校講故事時，發現老師在教室裡有事叫她過去時，她聽而不聞地直接「路過」老師揚長而去。

我後來想，這樣的不隨俗，她應該是九型人格裡的第四型吧！這一型是藝術家，有藝術天賦（她的確很擅長畫畫和表演），追求獨特和原創性，但有時會感到孤獨和不被理解。

父母常常對孩子在青春期的叛逆有戒心，但我家二女兒的叛逆期，卻出現在幼稚園到小學二年級這五年，她與現實世界的衝撞，在低年級就已經很猛烈！反而真正到了青春期，她平安過關，並沒有太大的風波。

二女兒的社會化歷程，在中年級的時候慢慢變得健康，但偶爾仍有些對大人抗議的暴烈情緒，暗藏心裡。有一次我整理孩子的房間時，看到她書桌上有一本筆記本，好奇之下，一翻開，看到的是她的字跡，但是整頁滿滿對我的控訴，夾雜著髒話！我當下十分震驚！我並不知道她曾經對我那麼生氣。

看到自己付出全副心力照顧的孩子，在紙上對我罵髒話，心情很難平靜。趁著她還在學校，我坐在家裡思考，該怎麼回應。

我後來想通了一點，對大人罵髒話的孩子，不一定是針對大人，而是在對這位大人說：「我過得不好，我被錯待。」如果是現在的我，應該會找她聊一聊發生了什麼事。但當時的我，畢竟還沒有練就金剛不壞之身，沒有那麼堅強，所以後來，我把筆記本放回原處，當作沒看到。我想的是，在我們家，我希望孩子是可以對父母生氣的，我希望家人之間，能夠真誠表達自己的情感，就算是負面的情緒，也沒關係。

但是，這樣的二女兒到了國小高年級時，整個人變得開朗而有責任感，完全變了一個人，這一切的改變，要謝謝她當時的導師。

孩子找到面對世界的姿態

導師從五年級開始，就給全班一個願景——要拿到全校的樂樂棒球（一種改良式的棒球）冠軍，到台北市的樂樂棒球賽中與他校一決勝負。此話一出，全班的同學和家長面面相覷，心有疑慮，尤其看到他們五年級上學期剛開始訓練投接球時，嬌弱的女生們一看到球丟過來不接反躲，到最後大家要滿地撿球，更是覺得老師的志向未免太過遠大。潛藏在心裡的自我安慰是：反正我們又不是體育班，那麼拚命幹嘛？

但是，儘管孩子們下課後還是忙著去補英文補數學上安親班，導師沒有忘記他的目標，默默把握孩子在校所有可能的空檔時間，練球、比賽、檢討，周而復始地循環著。

到了五年級下學期，班上的氛圍開始變了，與別班比賽的輸贏變成全班掛心的事情，無論男生女生，一種想要贏球的鬥志被點燃了！沒有人抱怨在大太陽下反覆練習傳球、接球、打擊、跑壘，打得好的時候就接受全隊的歡呼，笑逐顏開；出了差錯時忍耐著眾人的埋怨，自己也在心裡自責，有時偷偷躲起來流眼淚，日復一日，教室裡開始有了大家汗水與淚水交錯的記憶。

在這樣的熱情中，球隊的點點滴滴成為孩子和家長們的話題。我們家的小女生有段時間一回家，爸爸就問：「你今天打點（打擊得分）如何？」孩子就會報告今天在球場上的得失。

老師這樣訓練著孩子的同時，有時還能玩出點新花樣，自娛娛人。例如，他有一天宣布全班要分成三隊，開始玩「樂樂三國」的遊戲，也就是三組各自倆倆比賽，贏的隊伍可以在教室後面的三國地圖上，占領敵國的一個城池，甚至從輸的隊伍中挑選球員。

搭配著玩的還有「三十六計卡」，累積到一定打點的孩子可以得到一張卡片（上面有三十六計的名目），享有額外的資源（例如，請老師幫忙代打一次）……等。

就這樣，這一班的孩子每天在遊戲的悲喜中度過，成就了一個個難忘的班級記憶。

二女兒在五、六年級的小學生活裡，沒有一天請假缺席。過去一到四年級，每次問她學校生活如何，她都輕描淡寫帶過。唯獨到了高年級，她每天都從學校帶回新的話題，看得出她是如何享受其中。

導師在孩子做對事的時候當場鼓勵，做不好的地方就當場指正，對事不對人，不隨意為孩子貼標籤，每個孩子在這個班上沒有負擔地學習和生活著，並且從老師的身教中，學習到做人做事的道理。

因為助人，走出性格陰影

班上有一位自閉症的孩子，言行偶有不受控制的時候，情緒有時過 high 有時爆走，導師卻從來不將這個特殊的孩子隔離在班級活動之外。班上有球賽時，就讓他在球場邊觀戰，偶爾也讓他上場打擊玩耍，班際游泳比賽時安排他下水，想盡辦法半哄半騙讓他游到終點。班上的孩子在這些比賽中，學會了贏、接受了輸，更重要的，他們體悟到人生有比輸贏更重要的事。

一直以來，我認為在課業上嚴格但有愛心的老師，就是最好的老師。這位導師卻讓我看到一種新的典範，就是：讓孩子渴望在學校的每一天裡，能有未知的樂趣和挑戰，學校因此變成一個令人期待的地方。

帶著這樣的眷戀，小女生從這個充滿回憶的班級畢業了！畢業典禮時，她上台代表畢業生致答詞，我在台下回想起過去這六年的點點滴滴，忍不住熱淚盈眶。

從善感的第四型藝術家變成開朗的孩子，關鍵在於「助人」的能量。第四型人格健康發展時，會朝向第二型「助人者」靠近，這時候，她會把視線從自己移向他人，展現同理心和關懷。他們願意分享自己的情感和經驗，幫助和支持旁人，也能在表達自我和滿足他人需求之間找到平衡點，既能保持自己的獨特性，又能與他人建立良好的關係。

如今跟二女兒一起回憶這段過程，我問她：「所以，你能夠好好長大的關鍵是什麼？」

她語帶神祕地說：「因為我長出了第二人格。」

好吧，你說了算。

07 空間：決定五感體驗和人際關係的所在

安排不同空間的組合，豐富孩子的生活經驗。

我們家的三個孩子，除了大女兒上過兩個月的安親班，老二和老三在低年級和中年級的時候，都在放學後，先留在學校的課輔班寫功課，有時會參加學校的社團。

我後來發現，如果家裡有人可以接送，學校課輔班的空間比安親班好，因為學校有操場和校園，腹地較大。下午時段，學校還是有每堂課的上下課鐘聲，課輔班的孩子每四十分鐘可以喘息一下，離開教室，在校園裡跑跳。

童年階段的孩子，非常需要各種空間，喚醒他們從不同路徑學習的契機。有時候，孩子需要較大的空間，讓他們在其中奔馳、抒解壓力；有時候，他們需要的是多功能的空間，或者自帶規則的空間。

我們在安排孩子日常的生活時，其實就是在為他們安排空間的組合，空間的組合創造了孩子的生活經驗。

舉例來說，從我小學四年級以後，每天在四個空間中移動：家裡、學校（四年忠班）教室、學校桌球室、家裡開的雜貨店。身為小學四年級的學生，我在家裡生活，在四年忠班的教室學習，放學後到桌球教室練球，回家後在家裡的雜貨店幫忙顧店招呼客人。

不同的空間，讓我在一天之內，經歷了四種身分：女兒、學生、球員、店員。對孩子來說，在不同的空間內，有不同的規則，他會遇到不同的人，與這些人的互動，會讓他有多元的思維、言談與行動，這些經驗，或多或少都影響了他的人生。

所以在教養時，我們要善用空間的力量。

空間帶來多元體驗

或許有人會說，一個小學生去顧雜貨店，能有什麼正面的經驗？其實還真的有。那是還沒有 7-11 的時代，我家的雜貨店成了鄰里的熱點，聚集了物流與人流。我在雜貨店這個空間中，學會了許多學校沒教的事。

小學時候，我在店裡一邊寫功課，一邊顧店，還要對各種客人做出應變。這些對人對事的道理，我不是在書裡學的，也不是我媽教我的，而是在店裡學的。

平常顧店的是我伯父，他用大算盤結帳。等我升上小學二年級，學校學的加法熟練之後，在不上學的時候，我就跟他輪著顧店，我不會用算盤，就用心算，若是買賣金額大一點，就用紙筆計算。現在想起來，我從小學二年級，就過著打工換宿的生活了。鄰里的大哥哥來店裡買東西的時候，常常開玩笑地叫我「小老闆娘」。

我們家的雜貨店不大，臨街面寬六公尺，兩公尺深，從外面走進店裡，三步就到底。這麼窄小的店面，卻什麼都賣。文具、零食、清潔用品、菸酒、乾貨、油、雞蛋、飲料、冰品、電器。那時候還沒有用標籤標價的習慣，所有物品的單價都要記在腦子裡。

我從賣燈泡學到人生的一課。每次有客人來買燈泡時，我就把新的燈泡從紙套裡拿出來，拴到燈座上轉緊，在某個瞬間，它綻放光芒時，我跟客人會有一秒眼神交流，彼此會意，確定這是顆會亮的燈泡，然後再把燈泡轉離燈座，套進紙套裡交給客人，順便收錢。多一個確認的動作，當然比較麻煩，卻可以避免糾紛，「現在麻煩是為了以後省事」，這是我從店裡學到的道理。

因為空閒時就要顧店，我在小學下課後無處可去，就是窩在櫃台的木桌子寫功課。我們家沒有課本以外的書，但是店裡有零售的報紙。寫完功課後，我就把當時所有的報紙，包括《聯合報》、《中國時報》、《中央日報》，一份一份地讀，打發時間。小學二年級，剛開始讀的時候，還有些字不認識，後來，就慢慢都讀懂了。現在想起來，這叫作讀報教育，自主學習。

一個小小的雜貨店空間，就能讓身為小學生的我，有如此不同的生活經驗，所以，空間本就具有教養的價值。

空間決定互動

另一方面，家裡的空間，也能創造家人正面互動的方式。我在大學時參加服務社團，社團辦公室的空間不大，卻放了一張大桌子，社團的朋友來到社辦，會在這裡吃便當、開會、聊天、彈吉他，度過豐富的社團生活，令人懷念至今。

後來我們家重新裝潢時，我就打定主意：無論如何，餐廳要有一張大桌子。我想看到孩子們在那裡聊天、做功課、閱讀，我們可以在那裡一起吃飯，一起開家庭會議……一張大桌子就可以把家人聚攏過來。

真正在家裡餐廳放上大桌子之後，加上燈光，家裡突然就有了咖啡廳的氛圍。以前，大家在餐桌吃完飯，就會離席回到房間去做自己的事，但有了大桌子之後，吃完飯大家會坐在那裡繼續聊天，完全重現了當年我大學社團的溫暖氛圍。

曾經讀到一篇文章說，家裡如果有正在求學的孩子，最好能讓家裡有「不只一處能讀書寫功課」的地方，意思就是說，如果孩子除了能在自己的房間寫功課，在客廳餐廳等公共空間，也有能讀書的地方，就太好了！

我有一個朋友說，他在裝潢時，刻意把大人和孩子臥室的空間改得小一點，把公共的客廳、餐廳空間留得大一點。「這樣大家才會走出臥室，走到客餐廳來聊天。」他別有心機地說。另一位朋友則堅持要把廚房擴大一些，這樣才能容納更多人一起進廚房分工協助。她說：「我才不要一個人孤單地在廚房從頭忙到尾。」

所以，在設想家裡的空間時，其實不是先去參考美麗的裝潢案例，而是可以想想，家人在怎樣的空間裡，會有什麼樣的互動。因為空間決定了人們的互動，從而決定了關係。

運用空間，設定斷網規則

必要的時候，我們也能運用空間，制定新的遊戲規則。

孩子在念小學國中高中時，我們家使用網路的規則，不是由我，而是由客廳空間那台 Wi-Fi 分享器決定的。

關於孩子在家使用網路的規則，每家有各式各樣的主張。經過慘烈的親子戰爭，我的主張是「在有限的時間使用」。

我們家孩子小學時，沒有手機，但是有筆電，可以用 Wi-Fi 上網。家裡的網路、電腦，都運用時間管理軟體*，設定使用的時段（小學時是週間半小時，週末一小時），並且規定孩子寫完功課洗完澡才能用。需要上網做功課時，一樣設定半小時。晚上的連線時間一結束，系統自然離線，不需我多費唇舌。

由客廳的連網機器來設定上網時間，最大的好處就是減少親子溝通的摩擦。

過去我也試過由自己的手機開熱點，分享給孩子使用，但是，幾乎每一次，都會碰到「媽媽，我再多用五分鐘就好」這種要求，我有三個小孩，這樣陸續來求情，每天這樣討價還價，實在令人非常煩心。後來我想到，如果不是由我來設定時間，而是由機器搭配時間管理軟體，時間到了直接斷線，是不是更好些？後來嘗試，的確如此。

剛開始，孩子們並不了解這跟先前有什麼不同，一樣會要求：「媽媽，我再多用五分鐘就好。」這時，我就會說：「抱歉啊，這不是由我決定的，是機器決定的喔，下次你要預留至少三分鐘時間結束手邊的遊戲或工作喔。」斷網的執行者，從大人變成機器，真的減少很多親子摩擦。

在孩子小的時候，身為大人的我，除非有特別重要的事，否則在家一樣遵守這個上網時間。我是自由工作者，通常不會有緊急的公事要處理，也可以如此管理手機。但即便是上班族爸媽，我想，設定恰當的居家離線規則也是好的，這樣可以讓親子雙方充分交流，累積珍貴的生活記憶。

在教養的過程中，我們把不同的空間連結，有時在單一空間裡加上多元功能，有時在空間裡加上限制，常常能為教養省力許多。下次碰到難解的教養題，不妨從空間來思考看看，說不定就有解了。

＊ 每個網路商都有時間管理的軟體，可以自行查詢。

08 洞察：手機時代的青少年教養

手機，是孩子從父母眼皮底下宣示獨立的起點……

孩子幾歲可以有手機？在有深度近視基因的我們家，經歷了慘烈的親子戰爭之後，如今我確定，在孩子國中時，可以給傳統手機或智慧手錶（僅能通話）搭配電腦，高中時再給智慧型手機，這是令我比較心安的做法。

這個漫長的手機之戰，要從老大擁有的第一支手機說起。

大女兒在升上國中那個暑假，很強烈地要求，希望能有智慧型手機。我並不同意，原因是我們家離學校走路五分鐘就到，他們學校也不准用手機，我看不出有需要手機的理由。我說：「如果真的有需要，例如你放假出遊的時候，我可以借你我的備用手機。」

我詢問過其他媽媽的經驗。不少媽媽告訴我，智慧型手機絕對是親子關係緊張的根源，某家的母女因此天天反目，某家的兒子因此成績退步，某家的孩子因此視力在半年之內增加三百度……。所以，前人的忠告是，愈晚給手機愈好。

我知道手機或平板電腦對親子關係有殺傷力，所以，我試圖要預防。就像 iPad 之父、蘋果創辦人賈伯斯有一次被記者問到：「你的小孩一定很愛 iPad 囉？」他回答：「沒有，我不讓他們接觸太多科技產品，他們還沒用過。」另一位曾幫賈伯斯寫過傳記的記者也證實，賈伯斯家裡的晚餐餐桌上，他們跟孩子有時聊書，有時談歷史，沒有人把3C產品拿出來佐餐。

難怪現在美國最高端的夏令營，就是強調「不插電」，無3C。孩子們在晚餐後，由星象達人帶去戶外看星星，或者一群人圍在營火旁邊彈吉他唱歌。美國的科技新貴紛紛把小孩送往這種復古夏令營，目的就是為了讓孩子能夠多多體驗真實的世界。

創意力來自真實世界

為什麼理解實體世界的能力如此重要？不論這個世界如何數位化，人終究無法住進虛擬世界中，每天仍有食衣住行的基本需求，也會面臨各種問題。而人類文明的創新與演化，有很大一部分，是不斷地、持續地，在解決我們在這個世界碰到的問題。

而這也影響到大腦的運作方式。不論是《快思慢想》的作者康納曼（Daniel Kahneman），或是EQ大師高曼（Daniel Goleman）都指出，大腦的能力，簡單來說，可以分成「反應力」和「創意力」。運用反應力能快速解決你之前碰過的、處理過的問題，而運用創意力，則有機會解決你之前沒有碰過的問題。

沉浸在3C世界的孩子，也許能練就超強的反應力，但如果要鍛鍊創新與創意的能力，解決過去未曾經歷的難題，那麼，孩子必須能夠充分體驗並透徹了解現實世界之中的人事物，才能做到。從這個角度來看，「創意力」才是生命中真正的核心能力。

所以，對父母親來說，讓孩子適當遠離螢幕，不只是一種威權教條，也富有學理的底蘊，不得不堅持。

但是，在如今的現實世界中，卻很難持續這種「堅持」。在美國，有研究顯示青少年一天察看手機的次數高達一百五十次；在台灣，我念高中的外甥女，睡一覺醒來，她班上的 LINE 群組有超過六百則未讀。

視力危機

對於這樣的青少年世界，身為孩子守護者的我，第一個反應，當然就是憂心。花這麼多時間在網路上，眼睛會不會有事？睡眠會不會不夠？會不會因此影響到跟家人相處的時間和品質？如果以上三個答案，都是「會」，那麼，做為媽媽怎麼可能不焦慮？

眼睛的確會有事。之前衛福部發表了一個警訊，不論大人小孩，台灣人的視力是全球最差的！國小四年級以上近視的比率將近五成，國中超過七成，到了高中，高度近視（六百度）以上，竟然已經到兩成。高度近視代表眼球老化，之後會有一連串的眼疾可能列隊在等著孩子，終其一生，籠罩在白內障、青光眼，以及終極的「視網膜剝離」威脅之下。

視網膜剝離是失明的前奏曲，如果不妥善治療，就會成為失明高危險群。一個原本可以目視萬物的孩子，有一天突然眼前的世界變成一片黑暗，這是多麼令父母親心痛的事？

當然，視網膜剝離的原因不見得都是因為高度近視，也可能因為外傷。不過，看看我們周遭的孩子對3C產品的依戀，再看看統計數字，應該也可以知道，螢幕的確會傷眼。

眼睛，是五官中能夠接收最多訊息的重要感官，一輩子都要用到。長期來看，家裡的長輩，年過八十甚至九十的阿公阿嬤，只要眼睛明亮，身體就算有些老毛病，生活品質還是很好。眼睛一旦出了問題，往往會失去求生的意志。

所以，我打定主意，無論如何，到了高中再給智慧型手機。

手機引爆教養危機

但是，大女兒愈來愈執著，一直說服我，並願意跟我協商使用規則。在我猶豫而她很心急的時候，有一次我們溝通得不太順利，那個晚上我聽到她洗澡時在浴室裡大哭。我聽了心酸，心想，女兒小學時一向乖巧負責，就讓她有手機吧。

一念之差，開始了母女兩人為期兩年的親子戰爭。這兩年之間，我們大概吵過兩百回合，每次都跟手機有關。現在看來，那是手機成癮和青少年大腦加乘的結果，又剛好碰到我這個第一次經歷孩子青春期的媽媽，難怪親子關係降到冰點。

我們的確是訂了手機的使用規則，包括使用的時間和場合，但她很難遵守。上了國中之後，她幾乎無法自己起床，每天都需要我喚醒。起床之後就是一張臭臉，不是不講話，就是對家人吼叫。日常的對談也是如此，幾乎只要她一開口，我們就會吵架，連要求她遵守手機使用規則，都會引爆口角。這跟她在小學的樣子完全不一樣，老實說，我當初以為她是不是中邪了（苦笑）？

一直到她大學，有一次閒聊時，她才跟我說：「其實我國中時常常用手機追劇到半夜，有時到兩點，有時到四點。」說完，她尷尬地笑了。我終於明白，孩子那時不是中邪，而是手機成癮（淚）。

半夜滑手機，早上還是得起床上課，睡眠不足當然會爆氣。但青少年的大腦，的確也正在經歷一個不尋常的腦內風暴。

有一次讀到皮克斯導演、「怪獸電力公司」的導演達克特（Pete Docter）說到自己為什麼想要製作「腦筋急轉彎」（*Inside out*）。這部描述青少年腦中情緒變化的動畫片，女主角萊莉（Riley）就是導演女兒的化身。而十四年前推出的動畫片「怪獸電力公司」中的小女孩阿布，也是他的同一位女兒。

為什麼那麼可愛的阿布，十四年後會變成每天都很憤怒的萊莉呢？他看到女兒的變化，真的很想知道原因，乾脆製作一部動畫片來回答。

在製作「腦筋急轉彎」時，他和團隊蒐集了許多資料，其中來自心理學家的資料，說明青少年成長過程中，因為大腦的變化、激素的變化，有些情緒和心理現象，跟精神官能症的病人類似，會有焦慮、憂鬱、緊張、害怕、不安的內在情緒，而這些內在情緒，常常外顯為對周遭大人的憤怒。

原來，青少年的大腦，真的有點怪怪的啊！我想。難怪，在女兒國一時，我嘗試著要好好跟她說道理時，被她解讀為：「你一開口就是在罵我！」尤其談到要她少用手機的時候。

不多問、不責備、不囉唆、一起玩

易怒的青少年大腦，有兩個正在發展的區域，一個是前額葉，這裡可以說是「腦子裡的大人」，可以讓人理性思考，做出合理決策。另一個區域是邊緣系統，主導情緒，是「腦子裡的小小孩」，衝動易怒，會以劇烈的情緒跟外界溝通。在青少年階段，邊緣系統很活躍，但前額葉還沒長好，就像一台油門很猛但煞車很弱的汽車，會到處衝撞，難以自制，這就是青少年大腦中的狀況。

雖然理解，但是，眼看著女兒在家不是不講話，就是嗆聲父母手足，我也不得不想出解方。我的「民宿媽媽守則」，就是在這時候出現的。從此之後，我訂立了兩個「與青少年和好」的鐵律：

• 有機會就陪她一起吃、一起玩（讓她覺得跟父母在一起的記憶都是開心的）。
• 自己做不到的事，絕對不要求她（身教比言教更重要）。

我克制自己不多問、不責備、不囉唆。每天早晚跟女兒問安，假日她有空時，就問她要不要出去吃美食（我注意到青少年無法抗拒美食）。有機會時，如果她需要，就盡量開車接送到她想去的地方。在車上，如果氣氛還不錯，就跟她隨意聊聊，慢慢修復之前因吵架而破損的親子關係。

親子雙方心情平緩下來後，我也慢慢理解手機對青少年的意義，這是一種慢慢與父母劃出界線的成年過程。

台灣原住民有成年禮的儀式，長成的少年有一天必須背起獵刀，步出村落，獨自外出尋找自己的森林，自己的獵場。成年禮之後，就是獨立人生的起點，往後他們才是自己人生的主人。

而對現代的孩子來說，手機，就是他們從父母眼皮底下宣示獨立的起點——手機那一個電源鍵，象徵著自由，和一個全新的、亟待探索的新世界，神聖而不容父母侵犯。

孩子的手機裡會有自己的朋友，所有的心事放在社群網站鎖著只給朋友看。他們拿手機上網查功課、聊天、拍照、追劇、追星、購物、聽音樂、玩game……。

老實說，年少的我們花在這些事情的時間也不少（誰沒講過一個小時的電話，哼哼），只是我們當年是在不同的空間、不同的時間裡完成這些事。而現在的孩子靠手機就搞定一切，難怪他們在手機和網路上花費那麼多時間。

好了，所以真相是，他們的行為不奇怪，但手機這個萬事通工具太方便，以致孩子們濫用到幾乎成癮。

爸媽做不到的事，不要求孩子遵守

我的「與青少年和好」的鐵律第二條是：自己做不到的事，絕對不要求孩子。大人如果手上滑著手機，然後跟孩子說：「你少滑手機去念書好嗎？」這聽起來未免太沒說服力。所以，我只能借助「外力」。在這裡，所謂的外力，就是在網路上安裝的時間管理軟體，規劃上網時間，時間到了機器自動斷網，讓大人和小孩一起遵守。

後來，在家裡設定的上網時間，成為親子同樂的小確幸。有時候，孩子們在網路上看到有趣的照相 App，就拿來拍遍全家，照片經過變造後變得滑稽可笑，家裡爆出一陣又一陣的笑聲。上網時間過了之後，他們離線，有時聊天，有時寫功課，有時隨意讀書，在尋常的日子裡，一家人重享平和靜謐的時光。

有了這樣的經驗後，我在想，也許，我自創的「與青少年和好」鐵律，應該加上第三條：借助「外力」，來改善親子衝突。

所謂的外力，有時是一個工具，有時是一本書，或一個人。外力如此重要，是因為已經長大的孩子，他們眼界開了，不想只聽父母的道理，也想聽聽別的道理。他們蒐集這些不同的觀點，納入心中，他們想要自己練習判斷是非曲直，學習獨立思考，這就是成長的功課，不是嗎？

所以，對於青少年父母來說，除了心靈上（而不是黏著他）的陪伴之外，一樣重要的，恐怕就是去思索，引進哪些「外力」（工具、書或人），對親子雙方都有助益吧？我是這麼想的。

老大與我因為手機曾有的暴烈親子衝突，小學的弟弟妹妹看在眼裡。所以，我跟還是小學的他們說：「等你們升上國中，我會給你們筆電，但智慧型手機，高中才會給喔。」

在我看來，筆電是比手機更好的3C用品，因為更方便查詢資料、整理資料，更方便寫作，也能設定LINE的電腦版，這樣不會錯過班上或學校社團群組的通知。

「當然，如果你們真的很希望有手機，我可以幫你們辦只能通話的手機，方便你們聯絡我。」我貌似慷慨地說。

兩個小學生想想，說：「如果是那種陽春手機，我想就不用了！」

手機教養，結案。

09 提問：開啟對話的鑰匙

3W提問法，幫助孩子思考。

認識建成爸爸，是在二女兒升上小學三年級的時候，他是女兒同學的爸爸。那時候的導師很有創意，開放家長在晨光時間入校陪伴，身為建築師的建成爸爸，主動提議帶著小學中年級的孩子，體驗設計思考的課程。

我那時候剛好看到國外有ＤＦＣ（Design for Change）的報導，讓我印象深刻。

ＤＦＣ的原點，來自印度河濱小學的校長吉蘭・貝兒・瑟吉（Kiran Bir Sethi），她認為孩子年紀雖小，卻不能輕忽他們的創意、觀察力和執行力。瑟吉校長從自己的小學做起，鼓勵孩子觀察生活中可以更好的地方，並且在專家指導下，完成孩子的創意。後來瑟吉校長的這個念頭，逐步擴散到全球，成為「全球孩童創意行動挑戰」，在台灣也有ＤＦＣ台灣辦公室。

我印象最深的ＤＦＣ案例，是「如何讓小學生入校更安全？」這個挑戰。孩子們觀察到，每逢上學放學，校門前總是擠滿了接送的人和車，有些路過的車子沒有減速，極可能意外撞上行人，非常危險。有沒有可能讓路過的車子都減速呢？

經過一番思考、討論和協調，孩子們最後決定親手彩繪校門前的斑馬線，因為，繽紛多采的斑馬線，只有這裡看得到，所有路過的駕駛，無不減速慢慢滑過路面，想要仔細欣賞。而斑馬線上充滿童趣的圖案，也提醒駕駛人，這裡是小學門口，是孩子的地盤，請務必小心駕駛。

提問帶來深度思考

從發現問題到解決問題，需要一系列的提問。這種提問的習慣，愈早養成愈好，這就是建成爸爸想要在小學課堂帶入的思考。

小學三年級學設計思考會太早嗎？一點都不會。重點是要好玩！

有一次，他把全班孩子分組，給了各組一大把吸管，給孩子們的指令是「站起來」，也就是要各組孩子想辦法，把吸管組合起來，堆到最高。這樣一來，孩子會嘗試做出各式各樣的組合，從錯誤中找到可行的方式。最後，有一組孩子把吸管綁成一束，組成了一組粗壯的結構體，而這手法，竟然跟高雄市立圖書總館巨型支撐柱的原理一樣！在不知不覺中，孩子上了一堂入門的建築課。

曾經在學院中受過設計思考訓練的建成爸爸深知，有知識不等於有想法，太快給「知識」的結果，常常讓學生懶得去找「答案」。所以，跟孩子相處時，他很擅長提問，讓孩子因為困惑，能夠想更多。

他問過孩子許多奇奇怪怪的問題，包括：怎樣才能節省衛生紙？時間如何被感受？吃不完的生日蛋糕該怎麼辦？如何讓大家在捷運上不看手機？

這些看起來無厘頭的提問，卻常常能夠激發孩子想要了解更多。大人的提問，成為孩子學習新事物的原點。

3W提問法

如果孩子在學校的學習無法進入狀況，大人應該如何引領孩子提問，找出應變之道？

我的朋友珮汝在學校擔任老師，非常擅長經營提問式的課堂。她分享了寒假時，與小學六年級的兒子一起運用提問進行的探究。

寒假時，學校希望學生能有一個探究的活動。珮汝在期末時收到兒子的成績單，發現不同師長都寫了孩子「上課不專心」這樣的評語，印象中，孩子已經連續四個學期收到同樣的評語了。她心想，如果是這樣，不如就來探究孩子為什麼不專心。

「我問他，你怎麼看老師寫的評語？」珮汝說。

有趣的是，孩子並沒有覺得自己上課不專心。這樣的認知落差，讓珮汝很好奇，所以，她展開了以下的對話。

珮：「你知道不專心的意思是什麼嗎？」

「就是沒有辦法乖乖坐在那裡。」

珮：「我很好奇，你怎麼看老師寫的這個評語呢？」

「可能我就是不符合老師的期待吧。」

珮：「那你覺得老師的期待是什麼？」

「老師一定是希望，學生都乖乖坐在那邊聽他一個人講啊。可是我真的覺得很無聊，我如果什麼事都不能做，只聽他講，可能不小心就會睡著。」

珮汝心想：「哇！這跟我當年一模一樣耶！」她回想自己從小學到國中的學習過程，也是充滿挫折。

孩子說，因為覺得上課無聊，就想跟同學聊天。

珮汝問：「做這件事的時候，你知道老師的困擾是什麼嗎？」

「我就是不尊重老師啊！」其實孩子知道。

珮汝繼續問：「你在講話的時候，是不是都會希望別人要聽你講？」孩子點頭。「所以你也知道，老師會希望別人聽他講，對不對？不專心這件事已經被老師寫過幾次，你可以想想，自己怎麼定義專心和不專心嗎？」

孩子思索之後說，他發現自己可以動手操作的課程，會比較專心，例如自然實驗課、體育課。

「聽起來，在上課的時候，你好像可以選擇專心跟不專心？」

孩子想一想說：「我覺得如果可以動手做，就可以讓我專心，如果我沒有事做，就會不專心。」

珮汝順著他的話建議：「你可以自己上網查一下，有沒有這種理論說明動手做會比較專心？」

孩子 Google 之後說：「我看到一本書叫作《體驗式學習》，說身體的動作會影響認知的過程，進而影響專注力跟學習的效果。」

珮汝請孩子把這個發現的證據寫下來，從頭到尾說一次給她聽。之後請他回想，自己是否有類似的經驗呢？

孩子說，他的自然科學得比較好，是因為每一個歷程都操作過，知道自己為什麼這麼做，所以課堂上的專注力跟學習效果就會比較好。

經過幾次提問，孩子確認了自己的學習模式，也發現自己在課堂上的盲點。

最後，珮汝進行了收尾的提問：

珮：「剛剛這一段探討，你對自己有什麼發現？」

「我發現我可以決定，要用什麼方式來學習。」

珮：「你可以決定自己要用什麼方法來學習，是什麼意思呢？」

「我知道上課聽老師講，實在是很無聊，我就寫東西吧。」

最後，孩子改善他不專心的方法，就是動手操作，記下老師講課的內容。如果要進一步確認這樣的做法是否有效，可以請孩子觀察一個禮拜，再斟酌調整。

在教養的情境中，珮汝常用的提問框架，是3W提問法。3W就是What，Why，How。3W的提問千變萬化，常用的問題句型是：

What：剛才你聽到了什麼，這些內容對你來說，意味著什麼？

Why：為什麼你會有以上的解讀？

How：剛才你聽到的內容中，有哪些部分讓你有那些感受？

我們想讓孩子學會的道理，與其直接講，不如運用提問的方式，讓孩子自己說出來。別人講的，是說教，孩子思考後發現的，是頓悟。聽過的說教會忘記，思考後的頓悟，卻會變成人生智慧，不是嗎？

10 習慣：好習慣是好僕人，壞習慣是壞主人

建立好習慣，改造壞習慣，讓孩子受益終身。

我的婆婆是個可以把繁事化簡的人，讓我佩服！我常說她如果不是家庭主婦，應該是個執行力超強的經理人。我的大女兒小時候很難入睡，直到八個月大，才能睡過夜。為了哄她入睡，我度過許多無眠的夜晚。

但是，她白天在公婆家午睡時，卻像是另一個人。婆婆說，到了睡午覺的時間，她把女兒帶到床上，跟她一起躺平，然後說出三句咒語（台語）：「躺平、蓋被、睡覺」，沒多久，就可以聽到孩子在身旁的均勻呼吸聲。只要是在阿嬤

家，她一下就睡著了！

這個「在阿嬤家睡午覺」的習慣是如何養成的？研究「習慣」的專家杜希格（Charles Duhigg）看到這一幕，他會說，每個習慣的背後，都可以找到一條迴路：提示（Cue）、慣性行為（Routine）、獎賞（Reward）。阿嬤的咒語是提示，躺平是慣性行為，獎賞就是得到充分的休息，下午精神更好。

習慣的威力

習慣是我們生活中的自動導航系統。大腦為了節省能量，會將重複的行為轉化為習慣。這些習慣一旦形成，就會在特定情境下自動觸發，影響我們的決策和行為。習慣有好有壞，好習慣可以提升效率、改善健康、增強人際關係。壞習慣則可能導致成癮、疾病、人際關係破裂等負面後果。不論是好習慣或壞習慣，都會影響人的一生。

觀察我的朋友，如何讓孩子養成好習慣，分成精英派和日常派兩種。精英派的代表，是我的朋友 Cathy。

成績很好、運動很棒的孩子，通常在日常生活中，都有自覺地保持高效的生活習慣，而父母的角色，是協助孩子維繫這樣的習慣。Cathy 就是詮釋「習慣如何生根」的最佳案例。

Cathy 在台北成長，結婚後住過加州和上海。她的父親有藝術家靈魂，任職於電視台設計部門。父親的教養風格很自由，不強求孩子要花很多時間在課業上，假日常常帶他們出去玩。在求學過程中，Cathy 的英文和口語表達能力特別好，但有些科目比較弱。所以，她決定國中畢業後去讀護理專科學校，而不是去讀一般高中。她的決定，也獲得父母親支持。「孩子會做出最適合自己的選擇，大人其實不用太擔心。」人生有彎路，看到的風景更多，這是她的人生心得。

在護專時代，她有更多時間精進英文，參與外國人社團，還學了幾年法語，使她後來有機會擔任金馬獎外賓翻譯。護專期間，她參加全國的英文演講比賽，獲得肯定，讓她更有自信。十七歲的她，就已經在美語補習班任教，班上學生還包括台大的資深醫生。護理專科畢業後，同年，Cathy 以第一名轉學考入輔大大傳系，之後獲得波士頓大學傳播碩士。

出國念書時，她認識了後來擔任律師的先生，成家立業，並且生下了女兒 Marie 和兒子 Harrison。

如果說，她的成長過程，因為得以自由探索，找到自己的優勢，這樣的經驗帶給她自信。那麼，畢業於史丹佛大學和哈佛法學院的先生威廉，在成長過程中，服膺的是紀律。

威廉從學生時代就是游泳校隊成員，後來即使進入律師事務所，還是保持著晨泳的習慣。「我們家跟游泳脫不了關係。」Cathy 說，從日常生活到孩子的人格養成，都跟從小堅持游泳訓練和比賽，密不可分。她觀察美國，許多企業總裁，既是學霸，成績優異，也是體育校隊的選手。尤其在美國頂尖名校的校隊，更要達到美國全國賽，甚至奧運等級的實力。這些孩子，從小練習兼顧課業與競賽，培養出獨特的韌性。

擔任商務律師的先生威廉很忙碌，連假日也常有工作，大人就想辦法把親子時間跟游泳結合。從孩子四、五歲開始，他們家的親子時間就是游泳。即使是度假，全家人到外地住飯店，一樣早上七點在游泳池集合，「我們只選擇有泳池的飯店。」Cathy 說。即使帶著孩子回台灣探親，她也會想辦法跟娘家附近的小學打聽，看看是否在早上六點，能跟著學校的泳隊練習。甚至在台灣的大年初一假期，都可以找到極少數開放的游泳池訓練。

威廉身為美國常春藤名校的校友，非常理解名校的選才邏輯：校方希望找到有特色的學生，學業優異體育很強的雙料優等生，特別受到眷顧。學業優異表示有讀書的資質，能在體育競賽中得到好名次，更表示學生的自律能力強大。

高效的自律習慣

怎樣的自律能力呢？看看 Marie 在高中時的作息時間表就知道。

Marie 在加州著名的游泳俱樂部PASA參與訓練，十五歲之後，每週高強度的訓練達到九次。每週三天早上四點半到學校泳池報到，練到六點，然後離開泳池去上課。每天上完一整天的課，回到泳池，從下午五點練到七點半，之後回家吃飯、趕功課，九點多睡覺。

我注意到在這忙碌的時間表中，沒有完整的時間寫功課，於是提出我的疑問。Cathy 說，運動員的時間管理非常細緻，不浪費時間。孩子平日寫功課的時間是早上晨練後的六點到九點，九點後高中開始上課。週末除了訓練和比賽，所有時間都在準備功課。包括去國外或外州參加比賽，所有孩子們抱著電腦，利用機場候機，或飛行時間，把握每一分鐘趕功課或準備考試。這樣精準的時間應用，其實是美國運動員學霸的標準模式。

凌晨四點半到校練習，這樣的作息表，需要父母開車陪伴，沒有吃苦耐勞的孩子和家長，不可能做到。因為先生工作忙碌常常出差，孩子在很小的時候，Cathy 就放棄美國中文電視台新聞主播的工作，擔任起全職媽媽，負責孩子們的行程接送及日常的照顧。

Marie 高中畢業後，選擇了常春藤名校康乃爾，也繼續游泳校隊一週二十五小時練習，同時主修資訊科學，輔修商學和東亞研究。她在校期間，屢次打破泳隊的競賽紀錄，以超過 GPA 4.0 的優異成績畢業，之後錄取哈佛法學院。

要培養一位文武雙全、學科體育都優異的孩子，Cathy 和先生一方面定調家庭生活以游泳為中心，另一方面盡全力支持孩子養成「能夠應付忙碌日常的作息」。Cathy 說，她認為孩子的生活習慣，最好能在小學三年級以前養成，這樣對於未來的學校生活，有極大的幫助。即使離開學校，良好的生活習慣，也能受益一輩子。

在美國的情境中，如果要進入專業白領的職場，高中以上的學生，就已經進入嚴格的競爭，目標是進入贏者圈。學業實力是基本門票，除此之外，還要努力爭取明星公司的實習經驗，要進入前程遠大的校友網絡，要有出色的談吐，有特色的生活風格，強大的體能，能舉重若輕地以微微詼諧的語氣，說出展現自己努力和實力的故事。這一切努力，是為了進入所謂的黃金職涯：投資銀行、知名的管理顧問公司、律師事務所等。

許多人認為美國的教育相比台灣，並沒有那麼大的升學壓力，其實這是誤解。的確，在美國的水電師傅收入可能比大學教授高，因為行行出狀元。但是，美國社會對於白領精英的篩選機制異常嚴格，學生除了本身優秀，家庭也要有財力。

高中生要就讀頂大名校，每年學費加生活費至少是一百五十萬台幣以上，四年畢業就是六百萬台幣以上。這是連一般中產階級父母都很難爽快負擔的金額，所以，有些高中生要念大學，往往必須負債取得人生中的第一筆貸款：就學貸款。高中生放眼未來，知道一切不容易，沒有良好的高效習慣，要如何繼續這樣高度壓力（也有高度回報）的人生？

身教的典範

相對於美國，台灣整體的競爭並沒有那麼嚴苛，台灣的父母在教養子女時，似乎可以更為多元。如果父母的教養目標是「希望孩子能享受生活幸福感」，會帶領孩子養成怎樣的習慣呢？我的另一位媽媽朋友 Ruby，有實際的心得。

我第一次去拜訪她家，十分驚豔！挑高的客廳，錯落著低矮的沙發，素色抱枕隨意擺放，地上鋪著淺色的長毛地毯，整個空間展現出高雅的品味，乾淨雅致。

她大方地帶我參觀全家的空間：主臥室、兒子的房間、先生的書房，兩間浴室，每個角落無不潔淨高雅。那種潔淨很自然，不像是特別為了客人到訪而收拾的（我就會這樣）。

有一天看到她在臉書發文，展示兩個兒子的房間。照片是在週五上班日、兩個兒子出門上班後拍的，她寫著：「在聽遍身邊朋友們形容孩子房間的樣貌後，看看兩個大男孩的房間，頗感欣慰這兩兄弟，個性和生活規矩確實無可挑剔。……」

我看著照片中那整潔的床單被褥，那清爽的書桌，靠牆的書依照開本整齊排列，層架中穿插著盆栽，點綴綠意。沒有散落的衣服，沒有任何雜物出現在視線裡。這是兩個年輕男性上班族出門後房間的樣子嗎？我以為出門前一定很忙亂，這房間怎能看起來像 **IKEA** 的型錄？

這到底是怎麼教出來的習慣？我一定要問清楚。

Ruby 對於居家理想的樣貌，有完整的想像，而且不厭其煩地，透過布置、收納、整理、整頓，每天讓夢想中的家出現在眼前。我問她，你們家「變整齊」的頻率是多久？她想想，說：「一天兩次。」她的祕訣是：

- **物歸原處：**每天晚餐、早餐後，會把全家的地板清理一次，把公用空間（廚房、餐廳、客廳）所有物品回復到原來的位置。
- **公共區域不留私人物品：**在孩子小的時候，所有玩具都放在孩子的房間，也讓孩子在房間玩耍，不會讓玩具出現在客廳或餐廳。
- **隨手清理：**要求家人使用衛浴後，隨手清理台面和浴室的水漬。要求孩子起床後、出門前，把房間的床鋪好，書桌雜物清掉，保持清爽。

回到建立習慣的三大步驟：提示、慣性行為、獎賞。Ruby 說，也許剛開始，孩子整理房間是因為她的碎唸（提示），但是當整理變成慣性行為，孩子每天回到家，打開自己房門那一剎那，眼前整潔清爽的空間，彷彿在歡迎他的歸來。不論工作多麼疲累，這一眼足以帶來放鬆和療癒。

我想這樣的畫面，我們都曾經歷過。想像入住民宿或飯店，當我們拿到鑰匙打開房門時，常會欣喜於看到眼前舒爽的空間：房間裡蓬鬆的枕頭，乾淨的被褥，茶几上溫暖的桌燈，浴室潔淨的毛巾，都散發出「歡迎光臨」的愉悅，只看一眼就能讓人心情大好。Ruby 建立了孩子維護空間的習慣，讓這樣的愉悅每日重現，在日常生活中為孩子帶來自然的療癒。

要如何帶領孩子建立新的好習慣？可以從加強提示、發展慣性行為、想出獎賞三步驟著手。例如，如果希望孩子收納房間的物品和玩具，可以參考的做法是：

- **提示**：把「物歸原位」的樣子拍成照片，印出來貼在幾個重點空間，讓孩子看到照片，就知道文具該放在哪裡，玩具該放在哪裡。
- **慣性行為**：讓孩子養成固定收納的時間，例如，在睡前聽故事之前。
- **獎賞**：把睡前故事當作是房間收納完成的獎賞。

既然日常生活是由大大小小的習慣組成，父母親如果能夠有意識地建立孩子的好習慣，改造壞習慣，將會讓孩子受益終身。

11 閱讀：最強大的隱形教養

閱讀的品質，就是思考的品質。

在撰寫這本書時，我心裡有個疑問：在教養中，有沒有哪一件事，是做了就一定會有益處的？為了找出答案，我問了周遭許多為人父母的朋友。最後，他們給我的答案，都指向一件事：閱讀。

大腦科學驗證了閱讀的力量。在《回家吧！迷失在數位閱讀裡的你》（*Reader, Come Home*）這本書裡說到，當孩子從不識字到識字，他就發展出「閱讀腦」，能夠透過文字學習觀看這個世界。當孩子開始閱讀，他的大腦會動員視覺區、語言區和認知區，並且因閱讀的內容，產生新的迴路，替迴路增加新的分枝，並在腦內建立新的連結。這些連結，會讓孩子累積知識、加深思考，並且發展出珍貴的同理心。

這聽起來很複雜？看看書裡美國知名作家海明威（Ernest Hemingway）的一個小故事，便能理解。

有一次，海明威的朋友跟他打賭說：「雖然你是作家，也沒辦法用六個字寫出一個故事。」海明威沉思片刻，寫下了這六個字：

For sale: baby shoes, never worn.（售：未穿過的嬰兒鞋。）

看到這六個字，只要是為人父母，都會跟我一樣，眼眶泛淚，知道發生了什麼事。海明威寫的是「一雙穿不到的嬰兒鞋」，而不是「全新嬰兒鞋」。我腦子裡出現了這樣的畫面：

冬天街頭，寒風催逼著路人加快腳步，奔回溫暖的家。但在街角，有一個年輕男人，頭髮被風吹得凌亂，身著單薄外套。他瑟縮著蹲在地上，面前擺放了一雙小小的、純白蕾絲的嬰兒鞋，嬰兒鞋旁邊，簡單的瓦楞紙板上，用簽字筆寫了六個字：For sale: baby shoes, never worn.

這雙新鞋本來是要給誰的？為什麼這個嬰兒再也不用穿鞋？這個孩子的母親還好嗎？這雙鞋這麼珍貴，為什麼不能留著當作紀念品，一定得賣掉？短短六個字，寫出了一個悲傷的故事。而身為讀者的您，看到我上面的文字，是否也跟我同感悲戚？這就是透過文字引發同理心的魔法。

多元、好看，是最佳選書策略

正是因為閱讀有如此強大的力量，美國兒科學會大力倡導親子共讀，這樣的共讀時光，不只能讓親子更親密，也能增加孩子的詞彙量，提高語言表達能力、理解力和同理心。

我的朋友慧貞，曾是資深的小學高年級老師，也曾經擔任過兒童圖書館的館長。這些年來，在她縝密規劃下，每一屆她帶過的學生，在小學五到六年級，以每天閱讀二十分鐘，每兩週讀一本書的速度，在兩年間讀完五十本書。

「在我的教室裡，我希望閱讀成為孩子們日常的話題。」慧貞眨著淘氣的大眼睛說。

一時好奇，我問慧貞如何選書找出這五十本書單。慧貞說，最重要的是讓孩子讀到各類型的書，以免偏食；其次，是讓孩子能夠每天讀一點，養成閱讀的習慣。最後，這些書一定要好看，才能吸引孩子讀完。

偶爾，慧貞會跟孩子玩一些小遊戲，吸引孩子愛上閱讀。例如，有一年，她剛接了五年級的新班級，開學第一天，她把教室裡所有的書，堆放在她的導師桌旁邊，她跟全班孩子說：「我會看面相，只要看你一眼，就知道你適合讀什麼書！」她說得那麼肯定，所有孩子幾乎都相信了。這時，她讓所有孩子排成一列，一個個來到眼前，然後一一推薦給他們不同的書。

說到「用閱讀來幫孩子算命」，還真的有人這樣做。有一位爸爸應小學的女兒懇求，買了一整套書，但是跟女兒約定：「回家之後，每一本都要看喔。」孩子對於自己喜歡的書，會一看再看。這位聰明的爸爸，就從這裡判斷孩子的興趣所在，做為未來選書買書的參考。

依天賦選書，找尋人生典範

孩子的興趣所在，常常也是天賦所在。根據多元智能之父加德納（Howard Gardner）研究，所謂的智力，是在特定文化背景下，解決問題或創造事物的能力。人類擁有多種智能，每一種智能都有獨特的運作方式和發展潛力，這些智能並非彼此獨立，而是相互作用、相互影響。加德納博士說，人類有八種智能：

1. **語言智能（Linguistic Intelligence）**：對語言的敏感性，包括口語和書面語。擅長運用語言進行溝通、表達和思考。例如：作家、詩人、演說家。
2. **邏輯數理智能（Logical-Mathematical Intelligence）**：對邏輯關係和數理模式的敏感性。擅長邏輯推理、數學運算和科學分析。例如：科學家、數學家、工程師。
3. **空間智能（Spatial Intelligence）**：對視覺空間的敏感性，包括圖像、形狀和空間關係。擅長視覺思考、空間推理和圖像創作。例如：建築師、設計師、藝術家。

4. **身體動覺智能（Bodily-Kinesthetic Intelligence）**：對身體運動的控制能力和對觸覺的敏感性。擅長運用身體進行表達、操作和運動。例如：運動員、舞蹈家、外科醫師。

5. **音樂智能（Musical Intelligence）**：對音樂的敏感性，包括音調、節奏和旋律。擅長音樂創作、演奏和欣賞。例如：音樂家、作曲家、歌手。

6. **人際智能（Interpersonal Intelligence）**：對他人情感、意圖和動機的敏感性。擅長人際溝通、協作和領導。例如：教師、諮詢師、政治家。

7. **內省智能（Intrapersonal Intelligence）**：對自身情感、思想和價值觀的敏感性。擅長自我反思、自我理解和自我管理。例如：哲學家、心理學家、作家。

8. **自然智能（Naturalistic Intelligence）**：對自然界的敏感性，包括動植物、天氣和地理。擅長觀察、分類和理解自然現象。例如：生物學家、環保人士、農民。

大人選書時，可盡量搭配孩子的天賦與好奇，這樣，常常能夠讓孩子從「不想讀」到「一直讀」。

我聽過一位國中老師說，她曾經帶過體育班的孩子，班上孩子對閱讀總是提不起興趣，但是，有一次他們讀到籃球之神喬丹的文章，眼睛一亮，完全被文字吸引。看來，具有同樣天賦的人，會彼此吸引，如果大人能善用這樣的連結，選到孩子天賦所在的領域，找尋精采的人物傳記、報導文學甚至漫畫，都能讓孩子沉浸在閱讀的世界。

一次快讀二十分鐘

我自己在閱讀不同的書時，會用不同的速度閱讀，有時快讀，有時慢讀。快讀的方法，是瀏覽書名、封面、封底、目錄，找出在意的關鍵字，再循著關鍵字翻到相對應的內文，進行閱讀。我曾用這種方法，用二十分鐘，閱讀像《張忠謀自傳下冊》這種六百頁的厚書。怎麼讀呢？祕訣在於：

- 以我的興趣為主，選出在意的關鍵字。
- 把大約三個關鍵字，串成每次二十分鐘左右的故事。
- 同一本書，下次再選三個關鍵字，用二十分鐘串出新的故事。＊

例如，我是專業經理人，從目錄裡可以看出，張忠謀在五十歲以前，曾經歷過一帆風順、步步高升，後來進入生涯低潮，最後黯然離去。找出三個關鍵字，可以串出這個完整的專業經理人生涯起伏的故事。

同一本書，下次再花二十分鐘閱讀時，可以著重在張忠謀創立台積電的成功過程。一樣選取三個關鍵字，串成二十分鐘的新故事。也就是，每次閱讀二十分鐘，每次都有完整的小故事，最後，分次把這本書讀完。

這樣閱讀的好處，就是我可以講出書裡具體脈絡，而不會在讀完之後，想不出要跟別人分享什麼。這有點像把十五分鐘 YouTube 影片，剪成五個三分鐘短片。用這樣的方式來讀書，不會有壓力，讀起來更有樂趣。

慢讀的收穫

如果是閱讀經典文學作品，有些段落可以試著「慢讀」，將會有全新的體驗。大力提倡慢讀的人，是小說家王文興。生前在台大外文系任教的王文興老師說：「我讀得很慢，讀重要的文學著作，一小時只限一千字，中英文都一樣。……如果（我）只留給後世兩個字，那一定是『慢讀』。」

有一次帶領學校老師進行工作坊，我選了張愛玲的文章〈天才夢〉，請老師們用「在心裡唸出聲音的速度閱讀」。實際進行後，我問老師們感覺如何？大家很興奮地分享，這種慢讀的速度，可以讓讀者融入文章裡：看到作者看到的，聽到作者聽到的，想到作者所想的。換言之，慢讀是與作者同步，對書裡的場景、人物、對話，有了身歷其境的感受。

＊可參考黃國珍老師與我一起錄製的 Podcast「閱讀－未來－雙素養」EP143：「20分鐘快讀張忠謀自傳」。

掃描聽
Podcast

所以，其實不用仰賴虛擬實境的科技，運用慢讀，透過文字，就可以讓讀者進入作者構思的世界，這就是閱讀的魔力。

在家閱讀的祕訣

前陣子有研究說，家裡的藏書數量，會影響孩子未來的成就，還用了量化標準。我對於量化的結果，抱持著一點懷疑。但是，有一點我很確定，就是：要養成孩子閱讀的習慣，最有效的方法，就是讓孩子看到「父母在家閱讀的身影」。

如果可能，盡量在家裡可見的地方，讓孩子看到不同類型的紙本書，這樣，孩子覺得無聊時，隨手就可翻閱，讓他與書相遇。不用局限於自己買書，去圖書館借書也是擴充書單的好方法。

與電子書比較，閱讀紙本書時，讀者更容易沉浸其中，進入心流，讓大腦專注，以探索書本字裡行間的連結。在家裡的空間，孩子如果能夠隨手拿取沒讀過的書，擴大閱讀的類別，認識新的作者，也能增加孩子大腦中的關鍵字。這樣，對於在校的學習探究，極有助益。

研究顯示，紙本書的閱讀體驗，會比電子書好。電子書一定要用到3C載具，會產生「螢幕劣勢效應」——在教室裡針對學生所做的實驗，學生閱讀電子書的速度較快，但是，難以回溯自己讀了什麼，難以統整記憶點。所以，閱讀電子書時，讀者必須更為主動，在腦中設定提問，與作者進行無聲的交流，這樣更能增加閱讀體驗。

我觀察孩子的閱讀體驗，覺得紙本書很適合隨意讀，電子書很適合帶著任務去閱讀。但如果考量到要保護視力，我建議讓孩子大學之後再讀電子書比較好，而且是用閱讀器或 iPad，盡量不要用手機。

AI時代的閱讀：關鍵字決定知識的貧富

很多人覺得，在生成式AI的時代，應該不用看書了，凡事問AI就行。其實不然。我認為，如今我們更仰賴閱讀，而且要讀得更多、更廣、更深。因為，這個時代的知識貧富，是由腦中所擁有的「關鍵字」數量決定的。

腦子裡的關鍵字，會組成一張抓取訊息的知識之網。關鍵字愈多，抓取的訊息愈有脈絡。將這些關鍵字重新組合之後，進一步思考，常能形成新的觀點，也許，就因此找到問題的解方。在網路搜尋，需要輸入關鍵字，向生成式ＡＩ提問，也需要關鍵字。找對關鍵字，就能夠找對訊息，因此提升我們思考的品質。

我自己腦中關鍵字暴增，是受益於就讀政大新聞系二年級時，潘家慶老師的「現代文選」課。那堂課有三個學分，一週有三堂課。老師在學期初，就開出二十本書單，方便大家買書或借書。書單包括政治、經濟、科技、文學、教育、社會、歷史，每週讀一本，並且，搭配那本書，他會開出採訪的人物名單。

每次上課，每個人都要交讀後心得六百字。然後老師讓班上同學分組，每次上課，由一組同學主導報告。報告的形式由同學自行決定，潘老師只在下課前的十分鐘，對今天的課堂做出講評。雖然老師只在最後十分鐘站上講台，但是，那短短十分鐘，他用字精簡，評論精闢，帶領我們重新審視這本主題書裡的深層洞見，讓我們獲益良多。

在此之前，我雖然喜歡閱讀，但是並沒有涵蓋這麼多主題。上了一年潘老師的課，我腦中關鍵字庫突然跨領域的升級了（例如認識了「熵」這個跨界的用字）！往後看到各個領域的書籍，都覺得不陌生，都有興趣探究，這大大增加了我閱讀的動機和數量，因為潘老師的課堂，讓我得以累積知識資產，這讓我對老師感念至今。

對於孩子來說，培養閱讀的習慣，受益終身。閱讀的品質，就是思考的品質。在人生的道路上，有時我們無法跟孩子同行，我相信，正是在這樣的時刻，他從閱讀中得到的反思，可以成為他生命中的護身符，讓他走向獨立思考，不隨俗的人生！

第三部

不要受困於別人講述的世界觀

12 窮養？富養？不如智養

可以不足，可以有餘，這是智養的關鍵。

聽到有一種說法，是「兒子要窮養，女兒要富養」。第一次聽的時候，我半信半疑，但經過歲月的驗證，我很確定，恰當的做法，不是以性別，而是以成長的階段來定義，也就是：孩子小學時窮養，大學時富養。

「窮養」是在日常中，過素樸的生活；「富養」是對精緻的文化，具有鑑賞的能力。

素樸的生活，意味著在日常的食衣住行中，在親人的陪伴中，品嚐簡單但有營養的飲食，穿著不昂貴但有質感的衣服，去家裡附近的公園玩而不用去百貨公司。我之前並不知道，這樣簡單的日常，可以為孩子帶來巨大的安定感，直到讀了中川雅也的那本書。

《東京鐵塔：老媽和我，有時還有老爸》是日本作家中川雅也的自傳作品，描述自己跟媽媽相依為命的成長過程。我印象特別深刻的段落，是書中描寫小時候，媽媽細緻照顧他的日常。已經跟爸爸分居的媽媽，在飲食店工作，從孩子三歲後，就帶著孩子獨立生活。媽媽從來不怨天尤人，在家裡每日用心料理，盡可能為他準備質感好的衣物。

中村雅也說，自己的童年生活，過得素樸，但是因為媽媽的用心，讓他心靈富足，終身不感到匱乏。

帶著孩子一起過素樸的童年生活，讓孩子終身不感到匱乏，是很令我嚮往的境界。我自己也有相同的成長經驗，知道簡單可以造就美好。從那之後，我就決定這樣做，為孩子經營簡單的日常，在這樣的平淡中，因為大人的陪伴，會使得孩子心情安適。

長大之後的富養

之前有人質問說：讀文學有什麼用？學音樂有什麼用？我自己的想法是，在人生更成熟的時候，學會鑑賞文學、音樂、藝術、建築，可以增加生活的感性、陶冶氣質，也能與人有豐富的話題，這是大人世界裡，能夠展現個人特色的機會。

法國社會學家布赫迪厄（Pierre Bourdieu），對社會階級有細緻的探討。他把人們可以運用的資源，區分成經濟資本、文化資本、社會資本、符號資本，他認為，人的社會地位，取決於擁有多少資本，尤其是這些資本的「總和」。

經濟資本，也可以說是物質資本，是一個人擁有的金錢和財產。社會資本，是指個人在社會網絡中所擁有的資源，例如人脈、聲望、社會地位。文化資本，指一個人所擁有的知識、技能、品味等文化資源，例如學歷、語言能力、藝術鑑賞能力。前述這三項資本，會累積成第四項資本：符號資本，也就是一個人在社會中擁有的聲望，而發揮的影響力。

我一直認為這個社會中的眾人，是「各美其美」，每個人都有自己的優勢，只要截長就可以補短。在教養來說，也是如此。說到經濟資本，的確，一般家庭比不上世界首富，也不需要比較。但是，論到對人生的富足，引導孩子去閱讀好書，欣賞藝術，我認為那是最好的投資。教導孩子享受在家裡讀一本好書，或是在美術館裡凝視莫內的「睡蓮」，就可以覺得心靈富足。心靈富足的人，外顯優雅，不會受限於這世界吹捧的價值觀。

以平常心看待日常生活

在孩子小的時候，我們通常都在家吃，如果外食，就是在家附近的小吃店，或是帶孩子去夜市邊逛邊吃。熱鬧的夜市，常有類似廟會的氛圍，孩子非常期待這種遊逛的心情。直到孩子大學後，家裡有人生日時，我偶爾會買飯店的餐券，帶孩子一起去慶祝家人的生日，目的是開拓孩子的眼界。

我自己的成長過程中，媽媽幾乎不外食，每天自己備餐。直到我大學畢業到雜誌社當記者，常有機會參加記者餐會，跑遍了台北市五星級飯店的知名餐廳。

吃了很多所謂的高級美食後，我反而覺得，家常菜更合我的胃口，從此可以用平常心看待外面的飲宴。

我也希望孩子能對飲食有這樣的平常心，既能欣賞佳餚美饌，也能珍惜尋常家味。我認為，這才是智養的關鍵。

智養要花多少錢？

養兒育女的確很花錢，即使是想要「智養」，想把資源和時間花得剛剛好，也真的不容易。

在台灣，養兒育女直到他們獨立，要花多少錢呢？我在自己創辦的「幸福財女讀書會」對五百位媽媽做過調查，最多人回答：每個孩子五百萬台幣*。我跟一位長期在記帳的媽媽核對過，她證實了這個數字不誇張。

自從得到這個答案之後，我看著在家裡走來走去的三個大學生，感覺他們身上有一個七位數的隱形鑑價商標 $5,000,000！頓時，覺得自己是千萬富翁，花掉千萬的富翁。

回顧過去，我們家已經花出去的這些錢，有沒有哪些是可以不用花的？我仔細想想，從幼稚園到小學，至少有以下這幾項：

- **不用去「會教英文」的幼稚園：**我們家孩子學了兩年，二十六個英文字母還寫不全。全美語幼稚園也不建議，除非家裡有全美語環境，或者不介意往後孩子拒絕學中文†。

關於幼稚園，我的主張是公立最佳，吃得好、資源多，如果沒抽到，找有口碑的傳統幼稚園也很好。

- **孩子小學時，盡情地在台灣旅行就好，不一定要出國：**之前聽彭菊仙老師說，她曾在孩子小學的寒暑假，安排「跟著社會課本去旅行」，幾年下來，孩子對台灣的物產、地質、生態，都很有概念，這真的是「智養」的

---

* ETtoday 新聞雲：〈台灣生養一孩花多少？媽媽告訴你：五百萬跑不掉〉。

† 詳見《我的孩子不會講中文？張湘君對幼兒全美語教育的省思與建議》，張湘君著。

小旅行。

我也聽另一位朋友說，帶著小學的孩子去歐洲三國加上巴黎羅浮宮，回來之後，孩子對於歐洲之旅，只記得他在不知名的公園噴泉玩過水。歐洲是大人喜歡的景點，旅費很高，但孩子還小的時候，對精緻的博物館收藏可能沒興趣，也許可以等他們大一點再來安排。

- **鋼琴不用學太久：**學兩年能看譜就好，如果孩子沒興趣就不用勉強了。能看譜是可以帶著走的能力，往後可以去學更有興趣的樂器。當然，如果是想栽培孩子走音樂的路，就另當別論。
- **不用去安親班：**學校課輔班有上下課的鈴聲，孩子可以在操場跑跳，不用一直關在教室寫功課。留在學校還可以參加社團，非常有趣。
- **不用去太新、沒有人聽過的課程：**孩子小一時，曾經讓她去上神祕腦力開發班，收費高昂，結果我的學費也神祕的消失了。
- **不用買太多衣服：**孩子很快就長高長大，如果有狀況不錯的二手衣，省錢又好穿。

論到智養，最高的境界是什麼？我很喜歡《聖經》裡使徒保羅所說的：「我知道怎樣處卑賤，也知道怎樣處豐富，或飽足、或飢餓、或有餘、或缺乏，隨事隨在我都得了祕訣，我靠著那加給我力量的，凡事都能做。」

意思是說，無論是怎樣的生活，他都能夠自在面對，並且仰賴他的信仰，找到繼續前進的力量。

如果有一天，我的孩子能夠跟使徒保羅有著一樣的心境，自在面對任何的生活，那麼，我對他的未來，真的一點也不擔心了！

13 學習與韌性

經驗是大腦的工程師。

就我的觀察，孩子進入小學，開始面對學校考試之後，親子關係會出現張力。孩子的考試成績，會影響父母親的心情，孩子有壓力，父母有焦慮，這樣的處境，會持續整個國民教育長達十二年，這真是一段漫長的時間。

如果是這樣，我們大人對於「學習」，了解多少呢？

在過去，我們被教導的鐵律是「勤學」。讀一次不會，就讀十次，讀三個小時不夠，就讀六個小時，讀書是正事，玩是浪費時間。我們認為花在讀書的時間愈多，成果愈好。

我自己就是這樣讀書的。以前大學聯考在七月，我高一高二都在忙社團和活動，高三才開始認真讀。因為非常焦慮，整個寒假期間，我從早到晚都在圖書館讀書。後來，我如願考上了心目中的學校，就認為這是唯一的讀書方法。

直到讀了《大腦喜歡這樣學》（*A Mind for Numbers*）這本書，我才發現，原來「學習」是有方法的，不是勤學而已。作者歐克莉（Barbara Oakley）綜合了神經科學、認知心理學領域的研究，破解了有效學習的方法。

專注、發散與連結

大腦是如何學會新知識？

大腦有兩種主要的思考模式：「專注模式」和「發散模式」。上課背英文單字時，我們會啟動專注模式。背完單字後，我們在下課時間去掃地，這時大腦就進入發散模式。掃到一半時，突然腦子有了靈感，把剛才背完的單字，自由聯想，組成不同的句子，於是我們就記住了這個新單字。

學習新知識時，需要在這兩種模式之間切換。先用專注模式學習新概念，然後用發散模式讓這些概念在大腦中沉澱和連結。

「連結」是學會新知的重點。大腦會把新知壓縮成知識方塊，有點像樂高積木。但這些方塊，如果沒有跟其他方塊組成可記憶的樣子（例如把樂高組成一台車子），這個新知方塊，可能在睡一覺起來之後，就不見了。會發生這種狀況，是因為大腦只會保留「長期有用」的知識（訊息），免得耗費太多能量。

所以，大腦有兩個記憶庫：「短期記憶」和「長期記憶」，短期記憶區像是一張圖書館的大桌子，長期記憶區則像是圖書館裡那些分門別類的書架。每天進入大腦的新訊息、新知識，都像是一個個方塊，放在大腦圖書館的一張大桌子上，這是「短期記憶」區。過了一段時間，經過我們的連結，有些方塊自己組成了新的造型，或是跟原來書架區的方塊結合，得以上架進入「長期記憶」區。

晚上睡一覺起來，大腦圖書館大桌上那些方塊，可能就不見了。但是已經上架的那些方塊，通常會留得更久。

既然「連結」是學會新知的重點，那麼，要怎樣才能產生「連結」呢？大腦科學家提醒，「連結」會發生在大腦處於發散模式的時候。也就是說，在學校的作息中，下課十分鐘或二十分鐘，是很有道理的。這樣的空檔，看似對學習無用，其實大大有用。專注與放鬆交替，才是最好的學習方式。

在家裡時，有些大人會用計時器來確認孩子的專注時間，例如像番茄鐘那樣，每二十五分鐘休息五分鐘。我們家是用空間來切換，例如，每一個小時，就在餐廳準備一些吃的喝的，讓孩子自己出來放風。

但論到學習，重要的不只是作息，還有心態，就是孩子對自己的課業，具有「責任感」。

這是孩子的功課，不是你的

也許因為我從小到大，都是自己對課業負責，我覺得孩子應該也做得到。從他們小學起，我就跟他們說，寫功課、念書、考試都是你自己的事喔，媽媽只負責簽聯絡簿。但是如果碰到問題，可以來找我商量。

事實證明，我還是高估了自己的能力，因為現在的課本跟以前不一樣，更有難度。孩子們曾經把不會的題目拿來問我，但我常常回答不出來，只能露出無辜的樣子說：「這我們以前沒有教耶，我不會。」後來他們就放棄了，直接去問姊姊，或是去問老師。所以，每次聽到有爸爸媽媽可以教孩子學校的功課，我都非常佩服。

但是，媽媽不會教，也不用太難過。孩子可能會因此更認真聽講，或者更願意花時間去弄懂自己的盲點。這有兩個好處：一是孩子感到困惑時，正是學習的起點；二是培養孩子當責（為自己負責）的態度。

那麼，做為媽媽的我，在家的角色是什麼呢？在孩子們進入「專注模式」時，我幫不上忙，但是，當孩子處於「發散模式」時，我自認很有貢獻。

基於「民宿媽媽」的人設，我會帶著他們做點心，或者在寒暑假找家教來帶著他們演戲、畫畫，推薦他們看優質的漫畫、小說、動畫、台劇、日劇，也會帶他們去觀看優質的兒童劇（例如「如果兒童劇團」的諸多好戲）。大女兒喜歡音樂，我鼓勵她學吉他；二女兒對演戲有天賦，我默許她參加學校的相關社團；小兒子對編劇有興趣，我很高興看到他投入時間，研究怎麼寫出好劇本。凡是他們社團的成果發表，我一定到場，幫他們拍照錄影，做為他們最忠誠的粉絲。

為什麼我如此看重他們在課業以外的社團生活？因為，這跟孩子未來面對人生的韌性有關。

五個正向小我，增加人生韌性

有一次去上心理學課程*，學到一個受益終身的觀念：如果一個人的人生中，在各階段的經歷裡，可以提煉出五個正向的「小我」（人格的某個特質），那麼，這個人的生命，就具有更大的韌性，來面對未知的挑戰。

我回想自己的人生，的確有。做為家裡弟妹的姊姊，我是長姊，要擔任爸媽

---

* 我受益於林凱沁老師的九型人格整合工作坊。

的幫手，所以，我有一個小我是「承上啟下的大姊」，這個小我，後來應用在職場上，讓我設定自己是「幫助老闆的好幕僚」。

在我小學中年級以後，參加學校的桌球校隊，成為球員。這個「球員小我」，教會我三件事：要贏就要不斷訓練；勝不驕敗不餒；要兼顧訓練和課業，絕對有可能。後來這個球員小我，在我面對大學聯考時，成為支持我努力到最後一刻的助力。

第三個小我是「勇於改變現況的探險家」，來自我年輕時的工作體驗。

我大學畢業後不到四年，就當上了電腦雜誌的總編輯。太快升遷到主管職，讓我意識到自己在待人接物上，有許多有待磨練的地方。於是我就想：「有哪一種工作最能磨練待人接物？」答案是：業務。人生有些事，就是要身歷其境才學得到。沒多久，我就辭掉總編輯的工作，另外找了一份銷售雜誌廣告的業務工作，並且設定學習時間是兩年。兩年期滿，修業完成。不久之後，我又回到雜誌社總編輯的工作，只是，我已經有更圓融的處事風格，受益終身。

第三個小我的成功經驗，讓我不害怕辭職回家帶小孩。也讓我在小孩長大後，不害怕重回職場，發展五十歲後的新生涯。

當我們說到希望孩子具有人生的韌性（resilience），希望他在面對逆境、挑戰和壓力時，能夠有效應對、適應並從中復原。這樣的韌性，如果能從多元的生活中培養，對孩子更有助益。

用一個比較極端的案例來說，如果孩子失敗一百次，可以養成韌性。只專注在念書的孩子，要考一百次不及格才能練成（想想看這是多大的打擊，孩子能撐過真是奇蹟）；但是，一個擁有多元生活的孩子，可以從社團活動、烹飪、爬山或是練習樂器這些混合的經驗中，蒐集到一百次的失敗，並且終於學習到如何面對失敗，如何改進自己的學習方式，最後能做成自己想做的事。

生活的所有面向，都可以學習到不同的經驗，經驗是大腦的工程師，這些經驗可以為孩子培養出新的小我，而這些正向的小我，能夠支持孩子撐過往後人生的風險和低潮。

如果能夠改變我們對於「學習如何學習」的認知，我相信親子都能活得更健康、更幸福，我期待那樣的現實，快快到來。

14 考試是一種闖關遊戲

分數不一定等於能力。

在教養的世界裡，「考試」是個地雷區。大人在孩子出生前，唯一的願望是希望孩子健康，但孩子進入小學，開始面對大大小小的考試之後，大人就會自動加上第二個願望：希望孩子考試考得好。

這些年，我陪伴三個孩子經歷許多次大考小考，我嘗試解讀親子雙方，可以用怎樣的態度來面對考試。

1. 考試很像闖關遊戲

學校的考試，不論是大考小考，常以紙筆測驗為主。有一個（或一組）出題的老師，一個答題的學生，考完之後，會有一個分數。

怎麼看待這個分數呢？我比較喜歡用「闖關遊戲」來解讀，也就是玩過電玩的人熟知的兩個數字：經驗值（XP）和等級（Level）。

經驗值，表示你花過多少時間嘗試闖關。等級，表示你闖關的進度如何。在遊戲的設定中，只要你有花時間玩遊戲，經驗值就能無條件的增加。但經驗值增加，不必然能夠順利升等，有些遊戲可以，有些不行，端視遊戲的規則。

對玩家來說，這樣的遊戲設定，至少有一個數字是令人安心的、可預期的，就是經驗值。因為付出會得到收穫，只要有花時間玩，經驗值就會增加。這樣的成就感，讓玩家可以忍受升級過程中的不確定。

沒有人可以長期忍受「付出沒有收穫」，尤其在學習和考試這兩個領域。一個數學不好的學生，可能會去補習，在放學時間，另外增加學習數學的時間。但這個「經驗值」並沒有實際量化，最後的結果，還是只能看考試的分數來決定，也就是「升等」的結果。

投入更多時間，卻沒有回報，會有什麼結果呢？就是學生會喪失學習動機。一旦沒有動機繼續累積經驗值，他就更難學會，成為惡性循環。這就是目前普遍出現在教室的困境。

如果學校沒有辦法提供「經驗值」的累積數值，身為家長，至少可以在孩子學習過程中，協助孩子建立這樣的學習歷程回顧，這樣，更能增加孩子繼續學習的動力。

2. 闖關遊戲的對手，不是同學，是出題的老師

許多家長在孩子學校段考成績公布之後，會比較孩子在班上的排名，因此會有情緒。

其實，老師才是出題的那個人。所謂的考試，是出題人和答題人的對決啊！身為家長，告訴孩子要去「了解老師怎麼出題」，是很重要的事。

也就是說，除了花時間讀書，或者花時間刷題之外，也要慢慢觀察「老師會怎麼出題」。

現在每一科的考題，常常以「反應真實情境、真實問題」的素養題方式呈現，題目中的考點會包含「學科知識＋閱讀理解」。閱讀理解是跨科的訓練，以台灣來說，從小學中年級以上的課堂，老師就會開始帶著孩子練習從文本中「提取訊息、推論訊息、詮釋整合、比較評估」，閱讀理解的訓練，可以幫助孩子往後面對更多不同學科的不同題型，是很重要的扎根學習。

面對不同學科時，有不同的課本。不論是文科還是理科，課本搭配老師發的習作（或評量），都是很重要的參考資料，從裡面可以看出考題可能的類型。

舉例來說，一本課本如果有一百頁，老師不會從每一頁出題，他會從有「知識點」的部分出題。這些知識點，在考試時就會成為「考點」。

以理科來說，這些「考點」，會演變成幾種固定的題型，只要熟悉這些考點和題型，孩子看到考卷時，可以很快歸類出這一題是哪個考點的哪種題型。如果他之前練習過，考試也考不倒。

這些事情，我在學生時代並不知道，只能靠苦讀來爭取在考試中「過關」。

但有一科，靠苦讀也沒辦法，就是數學。數學永遠是我花最多時間，卻考得最爛的科目。

直到有一天，我跟一位同事聊天。她說，她考高中時，數學是個位數，但是考大學時，數學滿級分。我心想，這個進步也太驚人了！趕快問問發生了什麼事。她跟我分享了以上關於知識點、考點和題型的奧祕，並且說，這是她在高中數理資優班的哥哥，傳授給她的解題架構，我才知道，原來如此。

我後來把這個數學出題思維，跟高中的兒子分享。他三年都沒有補習，後來在學測數A考了滿級分。我想，理解老師的出題思維，應該對於準備考試有幫助吧。

3. 考試分數不等於能力

我不會說考試不重要，但我會說，以紙筆測驗為主的考試，無法完整呈現孩子的全部能力，因為，任何考試都會有「考得到」跟「考不到」的地方。

紙筆考試要過關，學生要有不錯的讀寫能力，這是前提。但在聽說讀寫四種能力裡面，每個人的優勢不一。有人可能很擅長聽完老師講課的內容，在腦內整理習得的新知，透過流利的口才傳達出來，這種能力，紙筆測驗就考不出來。

所以，我會建議大人，以平常心看待學校考試的分數，並且觀察孩子擅長哪種學習風格，再慢慢找到在考試中進步的方法。

因人而異的學習風格

有一次讀到人的學習風格，主要有視覺型（Visual）、聽覺型（Auditory）、讀寫型（Read／Write）、動覺型（Kinesthetic）四種。

要學習新事物時，每個人各有偏好：

- **視覺型**：偏好透過視覺方式學習，例如圖表、圖片、影片等。
- **聽覺型**：偏好透過聽覺方式學習，例如聽講、討論、錄音等。
- **讀寫型**：偏好透過閱讀和書寫方式學習，例如閱讀書籍、做筆記、寫報告等。

• **動覺型**：偏好透過實際操作和體驗方式學習，例如實驗、實作、角色扮演等。動覺型學習者，有時會被稱之為觸覺型學習者。＊

雖然每個人會有主要的學習風格，但多少也會搭配一點其他的風格，最後會呈現混搭的樣子。

對照這個理論，我想到自己的經驗。通常，如果要記住一個新朋友的名字，光是用聽的，我會忘記，但是如果我能把名字寫下來，就能記得。這樣看來，我應該是「讀寫型」搭配「視覺型」吧。

我也進一步發現，過去學校裡授課的教材教法及考試，大多偏向「讀寫型」、「視覺型」，所以，有這樣學習風格的孩子，也許比較容易拿到好成績？相對來說，「聽覺型」、「動覺型」的孩子，真的是非常吃虧啊！如果有這樣的認知，身為父母的我們，對於孩子在校的成績，可以包容些，不必以成績論斷孩子努力的程度，而是要著重在陪伴孩子找到他最佳的準備方式。

陪伴三個孩子進入學齡後，觀察他們學習的模式、面對考試準備的方法，真的有出乎意料的地方，而且各有不同。

秉持著「念書考試是你們自己的事」的最高原則，我希望他們自己決定要如何學習，需要補習就告訴我，有其他學習的問題，也可以找我討論。

讓孩子決定要如何學習

老大一上國中，就主動跟我說要補習數學，因為數學是她的弱點。到了國二，又說要加補自然科，我都隨她。她喜歡寫筆記，透過筆記來吸收知識。我觀察她應該是屬於讀寫型的孩子，有時看到「如何做筆記」的書，就找來讓她參考。

對於孩子補習，我設定的上限是：最多能補兩科。補習兩科已經是極限，我反對孩子補全科。國中的孩子每天早上八點前要到校，最晚到下午五點才放學，

＊ VARK模型是由弗萊明（Neil Fleming）和米爾斯（Colleen Mills）於一九九二年提出，旨在描述人們偏好的學習方式。

已經在學校度過十個小時。如果放學後還要補全科，孩子週間晚上都在補習班度過，每晚九點以後才能回到家休息，身心太過疲乏。

女兒到了九年級，還是想要維持補習兩科。但我自己的經驗是，九年級學校會有一連串的段考和複習考進度，壓力已經很大。如果要應付學校考試，又要補習，對體力負擔太大。我跟她商量，不要再去補習班，只針對最弱的學科（數學），聘請家教協助。後來我透過人力銀行，面談了幾位女性的大學生家教，並請她們試教一次（有付費），最後，由女兒決定哪一位適合。

老二則是從國中起就明言：她不要去補習。但她的弱科一樣是數學，後來也聘請姊姊的家教輔導她。我觀察老二的學習模式，也是仰賴筆記為多，猜想她跟姊姊同屬讀寫型加視覺型。

讓我看不懂的是老三。上了國中，他說不要補習，但又沒看到他做什麼筆記，我好奇：他究竟是怎麼學習的呢？

我後來發現，他非常仰賴朗誦課文以及自問自答，也就是：要把文字轉成聲音，他才能記住，所以，他是「聽覺型」的風格。這樣的學習方式需要獨立空間，以免在唸出聲時干擾別人。這時，我才恍然大悟。在九年級及高三時，他從來不留校自習，一定要回家、回到自己的房間才能讀書，原來是這樣！

我後來也明白，在段考後，他會有點「燒聲」是怎麼回事了。在考前要把段考的每一科的每本課本唸出來，不燒聲才怪。

我自己以前準備應考的方式，都是留校讀書，這樣才能讓我專心。從孩子身上，我發現原來還有其他的讀書方式！看來，即使我們是大人，也不要受限於自己的經驗，而是要讓孩子自己做決定。

大人不是強迫孩子用你的方式來學習，而是幫助孩子用自己的風格學得更好。我們永遠是孩子的隊友，跟他一起面對學習的挑戰。

如何面對孩子的段考

這幾年我陪著家裡的三個孩子，在國中高中的階段，經歷了許多次的段考，有一些心情可以分享。

國中高中課業的確有難度，知識是一直累積的，現在的孩子要學的各科，比以前更深更廣，學習壓力沉重。以前國文頂多就是把整本課本背起來，但現在一綱多本，還要有閱讀素養，有時國文段考短短時間內要答完一萬多字的考題，再加上寫作文。我看過考卷後都覺得，好難。通常我會直接崇拜一下，跟孩子說：「你們太厲害了！怎麼答得出這種題目！」

我能夠保持一點距離感，來看待孩子的成績，是因為我很清楚，最重要的，是孩子對自己分數的評估，以及往後如何應變，而不是爸媽期待他考多少分。這並不是說我們對孩子不能有期待。而是說，對於考試這件事，他要花多少時間準備，怎麼準備，其實都是他自己要思考的事。

有一次，孩子說她這次段考數學不及格。

我好奇地問：「一定是很難吧？」

她說：「對。全年級八百多人，只有一個人及格，而且才六十幾分。」

如果出題專家看到這樣的分數分布，應該會說：「這次的考卷沒有鑑別力。」這是出題老師的失誤。

在段考成績這件事情上，我的角色一直都是被動的。如果孩子覺得對成績不滿意，我很歡迎他來找我討論，有沒有什麼改進的空間。我們一起想辦法，為下次努力。

但如果他很滿意，我也不會有懸念。我通常更注意的是日常的生活中，他的時間管理以及健康管理，其他的不太會有意見。

再有實力的人，都可能會有失常的時候。我後來學習到，參與任何考試的自評標準可以有三種：

A實力發揮到80％（可能有粗心）。

B實力發揮到100％。

C實力發揮到100％加上一點運氣，可能結果會到120％。

如果是這樣，任何一次段考成績，都會不意外地落在這三個區間。所以，不需要有太大的得失心，保持平常心就好了。

從段考練習專案管理

把每一次段考當作一個專案的練習，逐步修正到最適合自己的準備方式，讓孩子知道，成績是最後的結果，可以透過這個結果，來檢驗「準備段考」這個專案的過程中，有沒有哪裡可以更好。

也就是說，我們可以設法與孩子創造出一個到目前為止驗證過的最佳做法（best practice），讓這次專案（段考）能夠盡量發揮實力。

如果有粗心，而孩子在意這件事，就一起討論怎樣可以更細心些。但究竟是哪裡可以更好？我都交給孩子去想，但歡迎找我討論。因為，這是他的專案，不是我的。

最後，別忘記跟孩子一起小小的慶祝：段考終於結束！帶孩子去吃他喜歡的東西、在家準備個冰淇淋，或者讓孩子跟同學一起去看電影，去玩一下，都很棒。

以上大概是我這些年陪伴孩子段考的經驗。仔細想想，我好像在這其中沒有太重要的角色。

也許我做的最重要的一件事，就是提醒他們段考前好好睡覺，以及在段考當天早上，為他們準備富有蛋白質跟澱粉的早餐。聽說這樣考試時精神會比較好。

我們是孩子人生的啦啦隊，既然段考逃不掉，就一起面對，一起成長吧！

15 生涯：怎樣是好工作？

支持孩子創造獨一無二的學習歷程，為生涯帶來更多機會。

雖然沒有人調查過，但大部分父母心目中，可能都有一張好工作清單吧？在這張清單中，有些跟所學的科系有關。例如，如果孩子就讀法律系，大家就認為他以後應該是律師、檢察官或法官。就讀醫學系，就是未來的醫師。

依我觀察，這些「好工作」的特色有這些：

- **有（類）證照保障**：有一定的進入門檻，不是誰都能做。通過公務員考試，也是某種隱形證照。

- **學習期之後，收入會穩定向上**：資歷愈久收入愈高，減低中年失業的風險。
- **職業災害低，保障人身安全**：多數父母認為坐辦公室的白領專業工作不錯。

在台灣，讓父母覺得有光環的科系之一，是醫學系。我聽說，有父母在為孩子命名時，就想著：這個名字後面接上××診所，看起來很不錯。之前讀到一位建國中學老師的書，分享他有一位「成績好到可以上醫學系」的學生，但志不在此。結果，在填志願之前，媽媽用跳樓逼迫孩子選填醫學系，最後，孩子流著淚，填下了媽媽心目中的第一志願。

父母更關注職業風險

大部分父母對好工作的期待，會反映在孩子選組、選科系的時候。大人的志願跟孩子的志願，有時候會不一樣。為什麼不一樣？其中很關鍵的認知落差，是

「中年的職業風險」。

一般來說，中年是人生中最需要用錢的時候。除了自己的花費之外，可能還會有家人的花費，以及房貸、車貸，也要為退休養老金做準備。的確，這個階段特別需要穩定的收入，大人的擔心，是有道理的。

但我認為，與孩子溝通未來的人生計畫時，大人的態度可以是：「分享我知道的現實，告知我在意的風險，但還是由你做決定」，畢竟，這是孩子的人生，不是我的。

我知道的現實是什麼呢？

每個行業都有職業風險，包括公務員。之前看過一份考試院的調查，公務員的自殺風險是一般人的三倍*！有些行業在年輕時很受人羨慕，但到中年卻有很高的失業風險，例如外商公司的主管，這是我觀察職場的心得。可以說，這個世界上，應該不存在沒有風險的行業，只是我們不全知道。

學歷，在各個行業的影響力也不一樣。以我看到的例子來說，有些行業的確很注重學歷，例如學術界。在大學教書一定要有博士學位，在國立大學教書則偏好國外名校的博士學位。但是，在創業家的族群中，名校或熱門科系的學生卻不一定會成功。

二十六歲就成為哈佛商學院教授的學術金童麥可・波特（Michael Porter）是舉世知名的管理學家，專門研究企業策略和競爭力，但他所創立的管理顧問公司，後來卻宣告破產。可見，學歷不一定能保障創業成功。

有人說這是「學院智商」和「商業智商」的對決，學霸不一定會做生意，這是中外皆然的事實。

另一方面，如果是在娛樂業，則個人的風格和魅力遠勝於學歷，這也是共通的經驗。想像我們喜愛的中外影視明星，讓人說得出學歷的應該不多，因為這跟他們的專業能力沒有關係。

而在業務領域，許多超級業務員，仰賴的也不是學歷，而是敬業精神及執行力。

＊資料來源：考試院第12屆第249次會議紀錄。

學歷×學習能力

學歷雖然不一定能為生涯加分，但「學習能力」卻一定可以讓生涯走得更久、更開闊。如果能夠在這一點與孩子達成共識，那麼，在選擇科系時，可以更自由些也無妨。

現在很多國際名校，都把名師課程放在免費的 Coursera 平台上，只要註冊，就可以在家免費學習普林斯頓大學的演算法課程、耶魯大學開設的「幸福的科學」，以及韓國三大名校之一延世大學開的韓語入門等。這些名校課程涵蓋醫學、科技、心理學、商業經營，也有中文版。

也就是說，現在是有史以來學習資源最豐盛的時代，缺乏的只是學習者的執行力，以及對自己生涯的想像力。

大人不妨把大學科系視為孩子專長的一部分，在求學的過程中，鼓勵孩子結合不同的證照和專長，「重新發明」一個屬於自己的科系吧！如果是這樣，選擇科系時，其實大人不用有太多的憂慮，或者不切實際的虛榮心。跟孩子討論過之後，依照孩子的潛力和志向來選擇就好。

之前，我們家就經歷了一次選擇科系的歷程。家裡的考生在成績公布之後，聆聽了來自長輩各種善意、多元，有時互相矛盾的意見或建議，可以看得出，孩子並沒有愈聽愈放心，反而是愈聽愈迷惑。我後來靈機一動，要不然，來設計個表單如何呢？

想像中，這樣的表單應該要有三個功能：

- 彙整考生及長輩的意見；
- 協助考生聚焦，釐清對科系的偏好；
- 幫助考生做出最後的決定。

在此提供拙見，分享這個「大學科系選擇評估」表單的做法。雖然這不是嚴謹的科學分析，但確實引導了親子之間討論的流程，讓長輩的意見可以事先傳達，卻又不干擾孩子最後的選擇。

協助孩子兼顧理想與現實

回顧當時，我們經歷了以下步驟：

Step1：請孩子列出自己選擇科系時在意的因素。例如對這個專業有興趣、學校名氣、有機會出國交換、交通方便等。這時候，最重要的是，不要批評孩子列出的因素，就讓他先說說自己的看法。

Step2：請父母親或其他長輩，列出覺得可以列入考慮的因素，最好能簡單說明「為什麼」。此時，請長輩們心平氣和地陳述，不要用警告或威脅的口吻貢獻意見。

以上兩點是正面表列，綜合兩者的意見，會產生幾個評估指標（通常不會超過十個）。

之後就會進行到非常重要的下一步：

Step3：由孩子決定（而不是父母決定）以上指標的優先考量順序，並給予量化分數。

最近幾年，大專院校休學和退學的比例增加。二〇二〇年十一月，在短短五天之內，就有三位台大的學生跳樓，真的令人好心疼啊！這些發生在大學校園的遺憾，提醒了大人，要有更多的智慧和情報，來更新自己對下一代職業及生涯的想法，才能提出對孩子有建設性的生涯建議。

當然，不論孩子或長輩，有時候會有一種迷思：「我先進入我想讀的大學，什麼科系都沒關係，以後再來轉系好了！」但是，所謂的熱門科系，轉系的人一定很多，如果轉系不過，就要在原來的科系讀完四年，這樣有辦法忍受嗎？

列出正面及負面考慮因素

考慮到這一點，我們做了第四件事：

Step4：列出一張負面表列的考量，讓孩子寫下他擔心的狀況。例如：「如果轉系不成功，恐怕四年都只能讀這個系。」並且提醒他，針對這些「選校不選系」的科系，一定要去各系網站上查詢，到底大一到大四都在上些什麼課。

實際上進行這個步驟時，我家孩子非常投入，真的去一一查找那些科系四年的課程。後來他跟我說：「媽媽，那個×××系大一的課我還可以接受，大二到大四的課，我真的無法。」對我來說，我很高興他經過評估，得出一個能夠說服自己的結論，這是重要的人生功課。

經由這四步驟生產出的兩張表格，其實是整合在同一個試算表上面進行的（請見下頁圖表）。每一個候選科系，都會有加分和減分，加總之後，得到一個總積分，依積分高低重新排序，就可以得到評估後的志願科系排名。

孩子列出志願申請單之後，我瞄了一眼，確定他的選擇程序和方法都如先前所討論的一般，加分減分也沒有計算錯誤，就簽名送出，等待放榜了。

換言之，所有大人提出的意見，在建立「考慮因素」那張表單時，就已經參與到決策之中，最後是讓孩子自己決定這些因素有多重要。先充分討論，最後讓孩子自己蒐集資訊，得出結論，這是一個理性且對孩子有益的決策經驗。

我們家這樣執行的結果非常順利，孩子用這張表單選到自己喜歡且適合的科系，上了大學之後，享受著學習的樂趣，開啟人生的新境界。以現有就讀的科系

大學科系選擇評估表						
	想讀的原因（每一項依孩子心目中的重要性，以 0-10 分計算，0 分表示不重要，10 分表示很重要）					
考慮的科系	1 我對這個專業有興趣	2 未來就業生態豐富，轉職機會多	3 學校名氣	4 出國交換選擇	5 交通方便	可以自行增加其他考量……
科系 A						
科系 B						
科系 C						
科系 D						
科系 E						
可以自行增加……						

⊙製表：丘美珍

為基礎，組合多元專長，是孩子下一步的挑戰。這世界上不會有一個保證前途零風險的科系，尤其在一個新科技可能改變一切的時代更是如此。

或許，創意人比凡夫俗子更早預見這樣的世界。知名文案作家李欣頻曾經把她對未來科系的想像寫進文案裡，也許在不久的未來，我們也可以看到孩子發明屬於自己的「人造氣候學系」、「耳語感染學系」、「食物政治學系」、「回憶統計學系」……。

當那一天到來時，我相信有心的大學生，在家裡大人的支持下，會創造出一段獨一無二的學習歷程，為自己往後的生涯帶來更多機會，並且因此能有更滿足的人生。*

---

* 現在各大學也有「校學士」的學程，可以打破科系的限制，詳情請看各大學網站。

16 少年運、中年運與老年運：人生成長八堂課

每個階段的修練，都會成為往後人生的心理資產。

這些年觀察職場上的各種人，有一個深深的感觸：的確，人一生的際遇，在不同的時點，會有不同的運勢。這些運勢，少數來自家庭，多數源自自己的個性和抉擇。

如果用少年運、中年運與老年運來區分人生各階段的起伏，我發現「少年運」受到家庭的幫助（或拖累）最大，「中年運」是自己的個性的反應，「老年運」則跟自己本於智慧，所做的人生抉擇有關。

孩子一生的心理劇本

身為父母，我們許願自己能守護孩子的一生。但是，孩子的一生，到底會經歷什麼呢？

我很幸運，在當母親不久，就在一次心理學工作坊中，第一次聽到德裔美籍心理學家艾瑞克森（Erik Erikson）對於發展心理學的重要見解。艾瑞克森說，人生的心理發展，可以分成八個階段（掃描 QR Code 參考艾瑞克森的社會心理發展階段），每個階段，都有必須滿足的「心理任務」，這彷彿是人生成長的必修課。如果能恰如其分地，在每個階段完成必修課，那麼，這個階段的修練，會成為往後人生的心理資產，終身受益。

但是，如果在某個階段，沒有完成必修課，這個心理需求不會消失，而是會遞延到人生的下一個階段，直到這個需求被滿足。

社會心理
發展階段

看到艾瑞克森的論述，我突然理解這句話：「有人用童年療癒一生，有人用一生療癒童年。」

每一個人生階段的成長課都很重要，都是我們的生命渴求完整，而必須經歷的學習；而這個學習，單憑一個人無法完成，必須仰賴生命中的他人，包括父母、手足、同儕、伴侶、工作夥伴等。

人生成長的八堂課，對應著我們在人生中的童年、青少年、青年、中年、老年，各有重點。

童年的重點是「從家人身上建立自信和安全感」。在學齡前，孩子的生命脆弱，亟需有大人做為避風港，讓他產生信任和安全感。過去的心理學家認定，母親是唯一適合陪伴小孩的大人。但是，如果我回顧自己的生命經驗，可以肯定地說：在學齡前，只要是可靠的大人，都可以成為孩子的陪伴者。

我在學齡前，大多待在阿公阿嬤家，現在來看，這叫隔代教養，會被貼上弱勢的標籤。但那段我與阿公阿嬤的生活經驗，卻是滿滿的幸福！如果腦海裡的童年記憶，可以輸出成照片，我的童年影像，大概可以貼滿一整面牆，而且，裡面每一張都有阿公或阿嬤的慈愛身影，和我童稚的笑容。

所以，重點不在於隔代教養，而是，陪伴孩子的那個大人，是否能以正面的價值觀、良善的態度來與孩子互動，讓孩子信任這個世界，讓孩子有信心獨立探索新事物。這個大人，不一定是父母也沒關係。

我在五歲前，因為阿公阿嬤的愛，蓄滿了向未來出發的能量，那樣飽滿的能量，成就了影響我一生的信念，就是：「外面的世界，是可以去探索的！」

如今，中年的我，仍有向未知出發的勇氣，是因為我的心裡有一個童年建立的幸福港灣，那裡支持著我去探索和回航，即使在我長大之後，即使在阿公阿嬤去世之後。

學齡後，教大於養

就我的觀察，以教養來說，學齡前的孩子，是「養大於教」，但是進入學齡之後，卻是「教大於養」。隨著孩子成長，父母親的角色愈來愈重要，因為，本來如同一張白紙的孩子，將隨著他的學習、他的經驗、他的喜怒哀樂，逐漸長出影響他一生的三觀：人生觀、價值觀、世界觀。

進入小學後，孩子也進入以學習為核心的人生階段，這時候的重點是「建立成功的學習經驗，以培養勤奮的態度」。

沒有人願意長期受挫，付出時間學習而沒有回報，大人小孩都一樣。所以，在孩子進入小學後，尤其在低年級時，盡量協助他找到學習的方法，讓他學會他想學的。這樣，累積幾次之後，他自然能理解「一分耕耘一分收穫」的道理，把勤奮內建為自己的態度。

十三到十九歲的青少年，生命的重點是「建立成功及多元的探索經驗，尋找典範」。觀察家裡的孩子，在這個階段非常熱中追星，喜歡追蹤偶像的動態。孩子喜歡追星，大人該怎麼辦呢？我們家的做法就是：陪她一起追。

我認為（有條件地）跟孩子一起追星，是增進親子關係最正面的做法之一！因為，這允許孩子去探索新的經驗，也透過陪伴，讓她知道如何建立追星的原則和界線。

有一年，國中的女兒因為喜歡某個型男演員，想要參加他的新劇見面會，地點在內湖的三立電視台。那裡交通不便，孩子的爸爸就說：「沒問題，我載你去，等活動結束，再載你回來。」女兒一聽，臉上綻放出大大的笑容說：「爸爸我愛你！」

看著氣氛不錯，我順便跟她約定，買紀念小物不要超過多少錢，建立預算概念。也提醒她注意，陌生人搭訕時如何回應，保持基本的警戒心。當天爸爸活動接送非常順利，女兒在大人的陪伴下，解鎖了一次追星的經驗，親子俱歡！

學習愛人的能力

二十歲到三十九歲的青年階段，重點是「學習愛人的能力」。佛洛姆（Erich Fromm）在《愛的藝術》一書中說到：愛是一種主動的能力，而不是被動的等待。愛，是一門可以理解、分析、練習的「藝術」，需要有意識地學習。

這裡說的「愛人的能力」，不單指情人之間的浪漫，還包括親子之愛、手足之愛、自愛，也就是說，在這個階段，我們已經進入一個可以照顧自己、照顧別人的階段，唯有以行動完成這個自愛、愛人的功課，人生才會往前推進到下一個階段。否則，生命會一直停頓在這個階段，不斷重修，即便逐漸老去。

四十至六十四歲的人生功課，是「為社會創造貢獻」，也就是利他。在中年階段，我的確看到明顯的分流，有一些人會陷入中年迷惘，產生中年危機，懷疑自己過去的人生，是否有價值？有些人會想念年輕時的自己。因此，也有人說，中年是人生的第二個青春期，因為生理變化及心理危機，而厭煩日常的工作、家庭的責任，想要找到新的出口。

在國外影集，甚至有人把某些商品直接與這種危機劃上等號。例如，如果有中年人在酒吧訴苦，身上有刺青的酒保就會說：「我看，你去買台哈雷機車，人生就豁然開朗了！」

能夠走出中年危機的人，通常都是把目光「從自己移向別人」的人，這樣的中年人，成為整個社會的祝福。有人組團去造橋鋪路（嘉邑行善團），有人扶老（弘道老人福利基金會），有人濟幼（世界展望會）。透過幫助別人，中年人確認了自己的價值，完成這個階段的任務，讓自己的人生能安心往下走。

六十五歲以後的人生，會不斷自問：「我對自己這一生，滿意嗎？」這時候，具有人生智慧的人，可以看淡過往人生中的得失，在日常的平淡或限制之中，找到正面的小確幸，安定自己的身心。

當然，隨著全球高齡化，六十五歲以後的人生，也充滿新的可能，甚至可能有新的職涯。

如果要找出一個可以驗證少年運、中年運與老年運的人選，我會說，那就是知名的薩提爾教師瑪莉亞．葛莫利（Maria Gomori）了。

實踐自己期待的人生

瑪莉亞一九四〇年出生於匈牙利的猶太人家庭。一九五六年，當時執政者和蘇聯要聯手改變國家的走向，遭到匈牙利人民的反對，暴發了匈牙利革命。瑪莉亞和家人被關進監獄，後來僥倖逃獄，全家逃往加拿大。當時他們沒有任何家當，身無分文，整個家庭從零開始新人生。

瑪莉亞本來在大學念的是經濟系，後來，她意識到自己對於助人的工作更有興趣，就轉往社會工作領域。

她在四十八歲時，認識家族治療的宗師維琴尼亞・薩提爾（Virginia Satir）女士，深受啟發，從頭開始學習家族治療，並且成為教師。此後的人生，奔波全球，致力於薩提爾模式的教學，長達五十年。

二〇一六年，我第一次見到瑪莉亞老師，是在台北的劍潭活動中心。那時，已經九十六歲高齡的她，沒有留在加拿大與家人共度聖誕節，而是飛到台灣，與眾多薩提爾的老師和學生交流。

我在台下，看著這位已經九十六歲的長者，她一頭白髮，腰桿挺直，思緒清晰，說出口的話語，睿智、真誠而溫暖。她這一生，走在自己設想的道路上，真正實踐了她對人生的定義：

「活出你期望的樣子，善用你的資源，為自己的選擇負責，肯定並重視自己的人生。」

年輕時隨著家人離開故國，在異國重啟人生。中年時從經濟學家變成助人的社會工作者，開創新的生涯。直到滿頭白髮，仍舊風塵僕僕，四處巡講，貢獻自己的光與熱，直到人生最後一刻。

這樣的人生，這樣的境界，讓我嚮往。我希望自己能夠活出這樣的人生，也衷心希望孩子能夠從我的經驗，得到鼓勵，勇於實踐自己期待的人生。

17 教養的變奏

不論父母有什麼想法，總是有孩子想的跟大人不一樣。

每個家庭的父母，都透過教育和培養，期望孩子能找到最好的人生。他們自然會以自己擅長的資源，來挹注孩子的人生。對孩子的未來，或多或少也會有想法。但不論父母有什麼想法，總是有孩子想的跟大人不一樣。

我的朋友瀞中（化名）是律師，一輩子都活得自律、上進。但是她與女兒之間相伴的人生，卻充滿波折。

瀞中說，她原來按部就班地教導女兒讀書的紀律、生活的態度。但女兒的青春期來得很早，小學四年級之後，就不讓媽媽看聯絡簿，「她把聯絡簿的內容遮起來，只讓我簽名。」

就讀國中時，孩子的成績逐漸下降，為免日後亡羊補牢，瀞中要求女兒在睡前先簡單口試隔天要考試的科目，但是她不願意配合，兩天後便放話說如果再這樣，就考零分給她看。後來，第二天的考試，她真的考了零分。

看到這樣的情況，瀞中嘗試要溝通。她分享自己的人生經驗，試著說服女兒專注在課業上。但女兒沒有打算改變想法。

不再教養，決定陪伴

到了高中，情況還是沒有好轉。女兒高中念了五個學校，有的嫌太遠，有的只念了三天，後來都念不下去。

「在那個時候，我看不到未來。有好幾次，晚上心痛到醒過來。」瀞中回憶起過往，還記得那時候的徬徨。

「這該怎麼辦呢？」我能想像身為母親的焦灼。

瀞中說，孩子滿十八歲之後，她下定決心：「往後就成為孩子的朋友吧！我不再教養，而是陪伴就好。她如果沒有提出需求，需要我幫什麼忙，我就讓她自己處理。」

但瀞中也決定讓孩子面對現實。她跟孩子說，你不念書，就要自力更生。孩子沒有反對，真的跨出家門出去打工。她不怕辛苦，曾經去華納威秀影城工作，有時輪班晚場電影，凌晨才能回到家。

到了孩子二十歲，從小把她帶大的阿嬤去世。孩子第一次意識到，原來家人不會一直在身邊。她為了彌補對阿嬤未盡的孝道，決定去禮儀公司上班，學做禮儀師、洗大體，曾經從早上六點洗到隔天早上六點。

在這樣的時刻，瀞中只能支持女兒的決定：「她說大體很臭，我能做的，是讓她在口罩裡點上精油，至少隔絕一點味道。」後來，她洗大體洗了半年。

跟瀞中同住的爸爸（女兒的阿公），即使在孩子最叛逆的時候，也沒有責怪，只是包容。爸爸跟瀞中說：「無論如何，孩子願意回家就好，我們要讓她心裡有個家。」

過了幾年，也許是長大了，心境變了，孩子第一次反思自己的處境。只有國中學歷的她，工作選擇很少，為了謀生，她必須遷就各種血汗工作，這就是現實。於是她開口說：「我要上大學。」

一旦下定決心，孩子就付諸行動。她在半年內補足了高中三年的課業，通過高中畢業程度學力鑑定，之後真的考上大學！她進入法律系念到畢業，如今的志願，是要當檢察官。

現在，孩子在國外遊學，在這期間她接觸到各式各樣的人，眼界更開，心也變得柔軟。有一次，她從國外打電話回來，親口跟瀞中說：「感謝媽媽，把我教導成一個很有教養的人。」

當了父母之後，才對詩人紀伯侖的詩作〈孩子〉，有更深的體會：

你的孩子不是你的孩子
他們是生命本身的子女

他們透過你，卻不是因你而來
他們雖與你相伴，但卻不屬於你
你可以愛他們，但不要要求他們有一樣的思想
因為他們必然會有自己的想法
你的居所供他棲息，卻不能束縛他們的靈魂
因為他們的靈魂住在未來，那是你在夢裡也無法造訪的地方
你可以向他們看齊，但千萬不要逼他們模仿你的樣貌
因為生命總是一路向前，不躊躇於昨日*

孩子經我們而生，但他有自己的人生藍圖。在孩子幼小的時候，我們有幸陪他一段，在相伴的過程中，我們也看到每個孩子獨特的氣質，開啟我們對於生命的眼界。

---

* 出自《先知》（*The Prophet*），丘美珍翻譯。

生物基因與生涯

身為父母，我們花費許多時間、精力、金錢、資源，把孩子教養成人。最後，我們對於孩子未來的工作，總是心懷期待，希望他們比我們過得更好。

在《自私的基因》（*The Selfish Gene*）*這本書裡，用親代投資（Parental Investment）解讀了這樣的現象。作者說，在生物演化的世界裡，基因傳承是最重要的大事。對父母來說，必須動用所有資源，找到讓孩子成功存活的未來，這樣，自己的基因才能繼續流傳。

這本來是一件親子共榮的美事，尤其，當孩子的人生，達成了父母的某些期待。身為家裡的第一個大學生，我能理解這樣的歷程。當我翻箱倒櫃，看到多年前大學畢業典禮的照片，爸媽滿心歡喜跟我開心地合照。女兒做到了他們想做，卻沒能做到的事，這是親子同感榮耀的時刻！

這件事從孩子的角度來看，可以看出另一層意義，就是：「我希望能超越父母的成就。」也就是，生命希望找到自己的出路，更上層樓。這解釋了為什麼有時候我們設想的道路，孩子並不認同，因為他本能地知道：這件事行不通。

有一次，跟一位心理醫師聊天。她說，在她的客戶中，有些是企業家。企業家除了擔心自己的公司之外，也有很深的恐懼，來自「孩子不願意接班」。她話鋒一轉，說：「但是，我也有企業家二代的客戶，他們最大的恐懼，就是『家裡要我接班』。」

企業家一代能夠成功，除了自己的天賦及努力，也會有天時地利人和的機運，這樣的成功很難複製。創業家把企業從零發展到一億，雖然不容易，但是，繼承家業的下一代，要從一億發展到一百億，說不定更難。就這點來說，「要超越父母的成就」，真的很不容易。

但是，如果自己的人生，有更多可能，說不定，就能滿足這樣的自我期待。例如，我知道一位食品業大廠的二代，沒有繼承家業，改行成為建築師，成就斐然。如此，他就完美地從生物基因的陷阱中解套了。

＊演化生物學家理察・道金斯（Richard Dawkins）的知名科普作品。

負面表列更有智慧

以此推估，對於孩子的生涯，與其明示他「做什麼行業比較好」，還不如開示：「這些事情你不要做」，也就是說：負面表列比正面表列，更有智慧。

例如我家隊友的媽媽，也就是我的婆婆，在隊友讀高中時就跟他說：「未來你要做哪一行都可以，就是不要去坐牢。」以結果來說，他從青少年至今，雖然偶有叛逆，但最終長成工作勤奮、關愛家人的大人，不得不說，那些簡單扼要的庭訓，的確有效。

教養的另一個定義，是「練習成為父母」。隨著孩子成長，我們對於教養的看法，會愈來愈成熟。有一次我到小學演講，我開玩笑地說：「當孩子就讀一年級的時候，我們就是一年級媽媽，以後孩子一年一年長大，我們的功力就會逐漸升級喔！」

以我來看，當最小的孩子高中畢業典禮那一天，也是我「成為父母」的畢業典禮。從此之後，我決定停止以母親的身分教養，而把孩子視為人生中重要的朋友來陪伴。從過去的經驗，我發現孩子只要獲得大人的支持，總能做出對他們自己最好的決定，我相信，未來也會如此。

第四部

不要忘記，我們最終希望孩子有幸福的人生

18 抉擇：怎樣的人生，算是幸福？

讓孩子擁有選擇的權利。

在我訪談朋友的教養心得時，有一題是：「在您心中，有沒有想過：『好希望我的孩子未來成為＿＿＿的人』，或者『絕不希望我的孩子未來成為＿＿＿的人』呢？」

朋友們的回應是：

「希望孩子成為喜歡自己、保有赤子之心、有能力幫助別人、有同理心的人。絕不希望孩子未來成為一切都只想到自己的自私的人。」（城媽）

「希望孩子能夠在生活中做個健康快樂的人，有幸福的家庭，夫妻親子和睦。」（Cathy）

「希望孩子成為一個能為自己的選擇負責的人，也期許孩子對社會有所貢獻。」（向南媽媽）

「做一個自己喜歡，別人也不討厭的人。」（ＳＪ爸媽）

整理以上的許願，我得到幾個關鍵字：悅納自己、不自私、有同理心、能助人、家庭和樂、身體健康。綜合來說，身為父母，我們都希望孩子能有一個幸福的人生。

人生的幸福元素

怎樣是幸福的人生？科學家說，當我們覺得幸福時，表示大腦中的「幸福荷爾蒙」有絕妙的平衡。當我們努力有所回報，或是專注地沉浸在自己的喜好中，或是跟家人、朋友、寵物相互陪伴時，都是經過科學驗證的幸福時刻。

在孩子的人生經驗中，如果成長的每個階段，都能感受到幸福荷爾蒙，那麼，他的大腦就會告訴他：「我很幸福！」這樣的幸福，不假外求，自己就能認證。

這種幸福不華麗，有時出乎意料地簡單。我回想自己從小學到大學的成長，有幾件事情讓我印象深刻。

幼稚園大班時，有一個下午，我看到阿嬤工作的大禮堂儲藏室裡，有幾雙四輪溜冰鞋。我之前看人溜過，真的很帥氣！所以就徵得阿嬤同意，自己到儲藏室找一雙尺寸比較剛好的輪鞋穿上，綁好鞋帶，想要學會溜冰。

沒有人教我怎麼溜，我不懂如何保持平衡，跌了一次又一次。但是，因為太想學會了，我一次又一次從地上爬起來，繼續嘗試……不知道過了多久，在跌了無數次之後，突然，我學會了！腳下輪鞋滑行在大禮堂的磨石子地面，我感覺臉上有微微的氣流吹拂，耳側髮絲順風飄起，我享受著與風同行的速度，全心地感到快樂！

現在知道了，那時我腦中分泌的是多巴胺，因為我接受了挑戰，而努力後終有收穫。

（後來阿嬤忙完，來察看我，發現我手上多處破皮，膝蓋都是瘀青，還是叨唸了我幾句就是。）

另一個人生幸福的元素就是：把時間留給自己喜歡的事。

我從小就熱愛漫畫，在青少年時的人生典範，幾乎全是運動漫畫主角。國中時只要碰到週末，就去漫畫書店租《芭蕾群英》、《網球爭霸戰》，跟著劇中人物一起熱血、一起流淚。青少女時期的我，在閱讀漫畫時，從中得到平靜和療癒，這是屬於血清素的幸福時刻。

而跟我家的可卡犬 Coco 在公園玩丟接飛盤後，把牠抱入懷中，我們同感欣喜的剎那，則是腦中的催產素發出幸福訊號的時候。

怎樣的人生，算是幸福？

回顧我的這些成長經驗，我從中得到了信心：我不需要用大量的金錢物資，為孩子「創造」幸福的人生，但我可以邀請他們來「發現」人生中的幸福。這樣平凡的幸福，免不了嫁接在人生觀、世界觀、價值觀這三觀之上。

我自問這三個問題：

「怎樣的人生，算是幸福？」（人生觀）

「怎樣的世界（或社會），算是幸福？」（世界觀）

「要把時間、金錢、精力，花在哪些人事物，才能創造以上的幸福？」（價值觀）

如果問我，我認為能善盡自己才能的人生，是幸福的；人人能互助的社會，是幸福的；能夠有家人支持，也能支持家人的人生，是幸福的。

以上三題，會直接扣問我們真正相信的人事物，並不容易。但是，身為父母，身為大人，我們有義務想清楚。這樣，我們面對孩子，面對所有情境，才知道如何應對，如何做出選擇。

回顧過去二十年為孩子做出的眾多選擇，其中，要讓孩子就讀怎樣的學校，的確讓我和隊友花了一點時間討論。

我們先釐清雙方有哪些共識：

- **離家近：**這樣接送輕鬆，孩子也不用花太多時間通勤。
- **有各式各樣的同學：**這樣可以增加孩子與不同人相處的能力，對未來人生至關重要。
- **教學多元化：**每一種科目都有意義，希望孩子享受多元學習的樂趣。

雖說已有共識，但是，傳說中勤教嚴管的某些學校，還是讓我有點心動。這時候，隊友說了這樣一番話：「我們家離公立小學、公立國中都近，都是走路五分鐘就到的距離，接送不太花時間；而且，附近的公立學校，並沒有特別的惡評。如果是這樣，學校不足的部分，就由我們大人來補足。」先生對於家人能給予的支援，很有信心，也對孩子的學習能力有信心。

在老大小二的時候，我辭掉工作回家當全職媽媽。我後來也意識到，當自己有更多時間陪伴孩子時，可以觀察孩子的學習模式，用他們自在的方式和節奏來學習，也會有更多機會跟孩子分享自己的價值觀。而這些事對於日常的親子溝通，大有助益。

而各式各樣的人，多元的價值觀，是公立學校最珍貴的資源。

有一次，我與家人在假日踏青，走訪台北近郊的擎天崗大草原。那天，天氣晴朗，眼前出現如同荒野的環景視野，遠處有群山環繞的台北盆地天際線，清晰動人。環顧四周，近處是高低錯落的草坡，野放的牛群姿態慵懶，或行或臥。而在遠山與草坡交界處，是低矮的灌木叢，斑駁錯落，點綴其中。

同一天回到家裡頂樓的花園，看到城市彼方的101大樓，突然有了頓悟。

如果認為人生的成就，只能框定在某些世人認定的樣貌，這樣的孩子，在相對單一的價值觀中成長，就如同進入人生的101大樓，此後人生的一切努力，在於更上一層樓，人生的視野只有一個方向，就是抬頭，繼續往上，繼續往上。

但我卻希望孩子能有更開闊的人生視野。像是進入環景三百六十度、視野開闊的大草原，身在其中，被豐富的動植物生態包圍，可以自己決定行進的方向，可以席地而坐，可以遠觀群山，也可以選擇任何心愛的路徑，登上台北盆地高峰。可以自由、自主地選擇及探索自己下一步的路線，並且為此負責，讓孩子擁有這種選擇的權利，是我們想要送給孩子的人生禮物。

八年級公立國中生的領悟

我們家孩子全程就讀公立學校，大女兒就讀公立小學畢業後，有位小學同班同學考進頗負口碑的私中。彼時女兒就讀的是離家走路五分鐘，不強調升學，強調適性教學的公立國中。

女兒學校裡的划船隊、舞蹈班、射箭隊，常常在全國比賽中名列前茅。從八年級開始，班上就有對汽車修理有興趣的同學，一週會有一個下午出外建教實習。女兒那時參加學校的行進管樂團，花費很多時間練習，參加比賽。她跟班上的同學相處得很好，也非常喜歡老師們。她常跟我說，她可以感覺到老師對孩子們的愛心。

有一次，八年級的女兒跟那位就讀私中的同學私訊聊天，女兒說，她感覺那位同學在字裡行間謳歌現在接受的是精英教育，慶幸自己就讀的是「好學校」，覺得以前在公立小學念書是浪費時間。

基於好奇，我問女兒怎麼回應同學的私訊？她把長長的一段回應跟我分享：

「很多人會以成績好壞來評斷一個人努不努力，未來有沒有前途，我在小學時也這樣認為，但我之後也不後悔沒去上私立（學校）……

可能是我想太多，但你打的那些話在我的解讀裡就＝私立比公立好，沒讀私立真的是損失。」

「如果你說的（公立學校的）『不足』是指成績……那就滿對的，但要在未來的社會上立足真的不是學歷高就辦得到的，我是覺得公立跟私立真的沒有絕對的哪個是好學校哪個是壞學校，想要成績，家裡經濟也許可就去私立，想要平衡生活就去公立。」

「就算是公立，有些人即使成績不好，考不上私立，但他們在其他方面比成績好的人有更突出的表現。有人成績可能普通，但他在管樂團永遠最早到，吹得最好，走（隊形）得最認真；有人成績可能普通，但他對汽車修理很有興趣，只要有相關的營隊或課程他都會主動報名；有人成績可能普通，但他人緣很好，很懂得怎麼好好與人相處。這些人的優點，有些是在一個班都是成績不錯的人中可能看不到的。我不知道其他人怎麼想，這些是我讀公立看到的，就是有些人口中

『校風不太好』的那所公立學校。」

「我不知道其他人的看法是如何，也沒有覺得你說的就不對，只是把我的看法講出來，畢竟每個人的想法不同。」

現在女兒已經就讀大學，這是很多年前的對話了。即便如此，重看一次，我還是很欣賞女兒不卑不亢的回應，並且再一次感覺到：能夠跟女兒身為一家人，真的是太美好了！

19 讓家庭成為人生的聖地

我們人生的聖地，不在遠方，而在家裡。

影劇作品裡，常常歌頌愛情，把結婚視為男女主角的 Happy Ending。結婚三十年的我，如今看劇有了不同的體悟，因為，戀愛的終點，正是成立家庭的起點。而這件事，一點也不容易。

說到自己的家庭，說到「我家如何如何」的時候，我們常常說的是「家人」，家庭是以人為主體沒錯，但是，除了家人以外，我們還可以用其他方式來看待家庭。

我在財經管理雜誌工作多年，很習慣用「組織」的型態來看世界。這個世界上所有的組織，最粗略的二分法，就是「營利組織」與「非營利組織」。營利組織是為了賺錢，賺到錢就會分給股東。股票市場上所有的上市公司，都是營利組織。

非營利組織的成立，不是為了要賺錢，那麼，又是為了什麼而產生的？我景仰的管理學大師彼得・杜拉克（Peter Drucker）說：「非營利組織存在的目的，是為了改變人的生命。」看到這句話，我是這樣理解的：「因為非營利組織會募集資源，用來幫助弱勢的人，所以，非營利組織改變了這些弱勢族群的生命，讓他們的生命變得更有希望。」

二分法的世界，十分單純。如果這樣劃分，家庭是屬於哪一邊呢？我們成立家庭，當然不是為了要營利，所以，家庭是屬於非營利組織無誤。不論種族、語言、膚色，家庭就是全世界最大的非營利組織了。

如果說，「非營利組織存在的目的，是為了改變人的生命。」那麼，家庭存在的目的，是為了改變哪些人的生命呢？

讓家庭中的每個人更幸福

當我想到這裡，突然意識到，家庭的存在，並不是為了改變「這個家庭以外」的人的生命，方向正好相反。做為父母，我們成立一個新家庭，是為了改變家庭裡面每一位成員的生命，包括我們自己、我們的孩子。所謂的改變，是希望家裡所有人，能夠變得更好、更健康、更幸福。

成為父母，會有感性的一面，也會有理性的一面。感性的一面，就如同我爸說的：「人生有伴」。理性的一面，則是：「成為父母」，意味著我與另一半創立了人生中第一個非營利組織，一個新家庭。我們是創辦人，孩子成年以前，我們是這個家庭的領導人，而這個新家庭，是為了讓家裡的每一位成員，都能幸福。

既然是創業，即使是創立一個非營利組織，也有一定的章法。

我想到在公民課上教過的，一個國家的四元素：人民、土地、政府、主權。

如果應用在一個新家庭，我認為可以簡化成是：主人、空間、治理權。

主人，是因為婚姻而成立這個新家庭的兩個人；空間，是這個新家庭居住的地方；治理權，是主人對於空間及家庭事務的管理權。

在這三個因素中，最容易被忽略的是「空間」。依照我自己的經驗，在空間上，先拉開與父母的距離，一定要有獨立的空間，不要跟父母生活在一個屋簷下。如果還沒有能力買房，用租的也行，因為，在獨立的空間裡，才能把注意力放在自己的新家庭，有意識地思考及反思。為自己的小家庭建立新的生活規則，是建立家庭最重要的步驟。

為什麼要跟父母保持空間上的距離？因為，空間的所有權，代表權力，空間的主人掌控了互動的規則。回到原生父母的家庭時，我們就會回到兒女的身分，以兒女的身分與他們互動，遵循原來家庭的一切規則，而無法顧及你另一半的需求。

雖然是兩個人結婚，但這個新家裡，其實存在著六個人，甚至超過十個人（如果連外公外婆爺爺奶奶都算）。我們每個人都帶著自己父母的記憶，並且把在父母家裡的習慣，帶到新家庭裡。兩個人的生活，其實至少是六個人的生活。

「我們家的蘋果是這樣切不是那樣切。」

「我媽晾衣服會把衣架穿過衣服，不是直接從領口撐開。」
「我爸假日會帶我們去爬山，不是去逛街。」
「我們家出門會搭公車，搭計程車太浪費錢了。」
「我阿嬤說不用補習，照自己的意思念就可以。」
「我爸爸不用洗碗。」

從食衣住行育樂，每一個生活細節，都牽動兩家的記憶、經驗和習慣。難怪，《聖經》裡說：「人要離開父母，與妻子聯合，二人成為一體。」離開父母，是成立新家庭的第一步，也是最難的一步。常常，我們的身體雖然離開父母，對父母的依附卻不容易鬆開。

媽寶成長記

我在婚前，是個被媽媽照顧得無微不至的女兒，簡稱媽寶。我不用進廚房，不用打掃洗衣，我的先生也差不多。結婚之初，有一天，我發現家裡找不到乾淨的杯子可以喝水。後來放眼一看，客廳的茶几有兩個用過的杯子，電視機上面有一個，我的書桌上有一個，他那一側的床頭櫃有一個……這種情況在我家從來沒有發生過。

我好奇了，為什麼今天會這樣？我很快就想到原因：以前我家有我媽，他家有他媽。我們亂放的杯子，都有人會收拾。

但是，媽寶畢竟是要長大的，我們的人生已經到了新的階段。離開父母，是成長的第一步。

有了獨立的空間，兩個人才有時間好好地經營新生活，經過溝通、互動和修正，擺脫原生家庭兒女的設定，而進入新的人生角色，那就是：新家庭的雙主人。

對於新家庭的治理權，很少人意識到「為家庭建立願景」，是為家庭帶來幸福的第一步。離開父母，成為新家庭的主人後，以雙主人的身分，兩位才能仔細思考未來，為這個新家庭建立願景（vision）。

我很喜歡的作者布蘭佳（Ken Blanchard），曾以小說形式書寫《願景的力量》。這本書藉著兩位主角的互動，勾勒出建構家庭願景的框架，為「家庭」定義了全新的視野和啟發。

這也是我第一次看到有人把「打造願景」的技術，不只用在企業，而且應用在家庭，這件事真的太有意義了！這讓家庭的日常生活，從柴米油鹽中解放，提升到人生更高的層次。

建構家庭願景，要怎麼做呢？一般來說，一個全面的家庭願景可能包含以下幾個面向：

- **核心價值觀**：家庭成員共同認同並努力實踐的價值觀，例如誠實、尊重、愛心、感恩等。
- **共同目標**：家庭希望共同實現的目標，可以是短期的小目標，也可以是長期的大願景，例如全家人一起出國旅行、共同完成一項挑戰等。
- **家庭氛圍**：希望營造一個怎樣的家庭氛圍，例如溫馨、和諧、充滿歡笑、鼓勵學習等。
- **家庭角色**：每個家庭成員在家庭中扮演的角色，以及對彼此的期望。

- **家庭傳統：**希望建立哪些獨特的家庭傳統，例如每年一次的家庭聚會、共同閱讀的習慣等。

隨著孩子慢慢長大，在未成年之前，家庭裡的決策，就不能只是爸媽說了算，而是一家人要進行討論。如果真的能透過家人一起討論，對未來建立共識（稱為願景），那麼，未來全家人將更有凝聚力和方向感。當家庭面臨抉擇時，願景可以做為決策的依據，這樣就可以多一點溝通，少一點衝突，全家人共同朝向願景努力，如此，為全體家人帶來成就感和幸福感。

這樣聽起來，所謂的家常，並不那麼日常。家庭的本質天生帶有神聖的特質，畢竟，家庭是人生的起點，我們一生的故事，從這裡開始。

我們人生的聖地，不在遠方，而在家裡。美國知名神話學大師坎伯（Joseph Campbell）曾經研究，許多原住民部落，都賦予自己所居住的地方神聖的意義。但是，所謂「文明人」的文化，卻鼓勵人們離開家，遠行，以尋找人生中的聖地。坎伯說：「如果你不能在你所居之處找到聖地，你就不會在任何地方找到！」

家庭是我們的居所，是身體、心靈和靈魂棲息的地方，是我們人生的聖地。在建立家庭，成為父母之後，就讓我們心懷敬畏，展開探索，看看這些跟著我們生活的孩子們，即將與我們一起，共創哪些人生的故事。

第五部

做爲一個母親的旅程

20 人生有伴

有了孩子，讓我變成更好的人。

雖然長輩喜歡說，孩子來到你家當你的小孩，是緣分。但是，我在二十八歲結婚時，並沒有想過「幾歲要生小孩」這件事。我以為想生的時候就可以生。後來才知道，這世界總會有心想事不成的時候。

那一天從診所走出來，我心情低落。求子不得的挫折感，讓我步履沉重。回家路上，看到身穿孕婦裝的準媽媽時，我滿心羨慕。滿腦子的念頭都是：為什麼別人可以，我不行？

那時結婚第六年，我三十三歲。沒有刻意避孕，卻一直沒有懷孕，我覺得奇怪。同辦公室的女同事求子數年，後來在某個診所求子成功，推薦我去試試看。沒想到，試了幾個月都沒有成功。之後，又有人推薦另一家診所，我也去了，結果還是不行。這時候，另一位好友聽聞我的沮喪，建議我捨棄診所，去大醫院試試。她說：大醫院會循序漸進地先從男女雙方的體質開始檢測，也許能找出無法懷孕的根本因素，從頭開始調整體質。

也在這時候，我剛好從全職工作離開，於是想著，乾脆先轉成接案的文字工作者，讓身心舒緩些，或者能為懷孕做更好的準備。

記得當時遇到的是資深的不孕症醫師（國泰醫院陳樹基醫師），他一頭灰白髮，非常和藹，詳盡為我解釋接下來的檢查步驟。剛好那時是教學診，觀診的是一位年輕的女性醫學生。在檢查的空檔，他轉頭對那位醫學生說：「如果以後想要當媽媽，三十歲以前懷孕機率比較大喔。」

我聽到時，心想，我的工作是記者，因著工作知道這世界的大小事，但跟我自身生命福祉相關的醫學常識，我卻不知道。這是不是太不合理了？

在往後為人父母的歲月裡，這樣的感觸一再重現。我們在求學過程中，被期許要學習許多知識，從小學到大學。出社會進入職場，被要求要增進自己的專業知能，從社會新鮮人到資深工作者。但在這樣的歷程中，我們對關乎自己生命品質的身心靈知識，卻很少涉獵，總是遇到問題後才來思考對策。有時候，這些問題可以解決，有時候，卻錯失了最好的時機，徒留遺憾。

成為高齡產婦

以我來說，我在醫師的協助下，努力了半年，沒有結果。後來覺得自己應該先休息一下，放空兩個月，結果竟懷孕了！等我真的生下期待已久的第一胎，已經三十五歲，是名副其實的高齡產婦。

在這之後四年，也許是體質真的改變，我又生了老二和老三，三十九歲那一年，我已經是三個孩子的母親了！

以前結婚還沒有懷孕時，總是被長輩碎唸：「要趕快生小孩啊！」生了第一個小孩後，長輩又說：「趕快生第二個！這樣孩子有伴！」這些現今被視為煩人、情緒勒索、不尊重個人的人生選擇的碎唸，的確不合時宜。

但人到中年的我，漸漸能體會這些碎唸背後的善意。結婚生子不是每一個人必要的選擇，這真的一點都不輕鬆。但我的確感覺到，因為有這些「由我組成」的家人，人生中多了負擔，也多了喜樂。

有一次採訪時，聽到一個說法，正好可以說明這苦樂參半的過程。人生中能讓你展顏一笑的事情，分成幾種：

- **好玩（fun）**：聽到一個有感的笑話，覺得好玩，通常持續幾分鐘。
- **快樂（happiness）**：日行一善，覺得快樂，通常持續一天。
- **幸福（eudaimonia）**：心靈飽滿，可以持續很久的喜悅和滿足。

在我看來，養兒育女是三種兼具的喜樂。我的父親常說，他這輩子是一個平凡人，但他最大的成就和滿足感，來自養兒育女。在他上班的歲月中，皮夾裡總是放著一張孩子們的合照，這是他人生幸福的印記。養兒育女長年辛勞，但是，兒女平安健康長大後，那種深深的滿足感和幸福感，無可取代。

命運的連結

有時候，親子的緣分並非來自生理的連結，而是來自命運的羈絆。我的朋友之中，有人苦苦備孕，求之不得，之後轉念決定收養孩子。

我的朋友 Sam 和 Joy（化名）結婚數年，一直沒有如願成為父母。兩個人開始進行備孕的治療，卻不太順利。在這個時候，有兩件事情改變了他們的想法。

Joy 的一位女性朋友，進行試管嬰兒受孕後，卻在懷孕六個月時大出血，母子均危，孩子沒有保住，母親也差點丟了性命。

在關鍵時刻，他們去探訪這對夫妻好友，在手術室外看到這一幕，終身難忘。那位焦急的準爸爸聲淚俱下，哀求醫生：「求求你！一定要先救媽媽，我只要媽媽平安就好……。」醫生無奈地說：「現在是老天爺在選，不是你能選的。」

在回程車上，Sam 非常嚴肅地跟 Joy 說：「我絕對不允許你為了要有孩子，做到這樣！」兩人備孕的計畫，就到此為止了。

幾乎在同時，那一年的《商業周刊》推出了一個轟動的專題「一個台灣，兩個世界：阿祖的兒子」，揭露了台灣貧富不均、城鄉差異、隔代教養的陰暗面。兩個人看到台灣有這樣的孩子，心想：我們說不定能透過領養，幫上一點忙。Joy 說，之前在手術室看到那一幕，讓她頓悟到生命不可測，她決定要好好珍惜每個來到這個世界的生命。

「如果我們的愛，能夠讓一個不受原生家庭歡迎的孩子獲得重生，其實跟我們自己孕育一個全新的生命，是完全一樣的。」Joy 說，身邊的人都覺得這樣的觀念很好，但是真正敢去做的人不多，多少會擔心各種後遺症：例如跟小孩不親，或是原生父母來糾纏之類的連續劇情節。「但我覺得，進了家門，就是一家人。」

有了這個念頭，他們開始行動。幾個月後，他們通過評估，領養到一位活潑的一歲半女孩。

在被問到為什麼一定要有孩子，才覺得人生圓滿？Joy 說，她生於宜蘭，成長於一個很有儀式感的大家庭，父母恩愛，兄弟姊妹和樂，對她來說，在這樣的家庭中成長，是美好的經驗。

而 Sam 呢？他的父親是從中國來台避禍的中學老師，他們家是個小家庭，人丁單薄，只有爸爸、媽媽、他，以及弟弟妹妹。

但這些年來，人丁凋零。Joy 還記得，那一年在 Sam 弟弟的告別式上，訃聞上列出的家人僅有四個，看起來真的好孤單，她希望能有更多家人。所以，後來他們又領養了一個女兒。

與家人結緣

在生命行進的道路上，我們有時候有伴，有時候沒有。年輕時覺得，比起家人，與朋友相處的樂趣，似乎更多。但是，隨著生命慢慢往熟年推進，我如今更加珍惜手足的感情，只因為我們分享了太多積累的歲月記憶。

如今想來，我當初想要當母親，並不是無意識地隨俗，而是，在潛意識裡，我認可了我在原生家庭中結緣的家人。即便是全家八個人擠在十六坪大的公家宿舍中；即便父母親有時會為了錢爭吵；即便是全家四個小孩只有一張書桌，三歲的弟弟有時還會在我寫好的作業上亂畫，讓我抓狂……但是，我也記得妹妹與我一同在眷村巷弄中追逐玩樂的天真，記得哥哥自豪地向我解說他的第一台電腦、第一台相機，記得與弟弟分享生日蛋糕的喜悅。

爸爸在那一年冬天去世時，我的大女兒六個月大。爸爸生前最後一張與女兒合照的照片，向我揭露了生命的意義：在那張照片中，左邊的爸爸戴著厚重的灰色毛帽，穿著綠色的家居袍，他伸展雙手，接過穿著粉紅色連身兔裝、一臉粉嫩的外孫女，展顏而笑，滿心歡喜。

如今，我才意識到，爸爸的笑容意味著什麼。原先，我以為他只是單純地開心自己當了外祖父。現在，我才突然領悟，那樣的笑容中，還有一種深深的欣慰：因為，他鍾愛的女兒，我，終於有了家人。這輩子，我不孤單了！

21 民宿媽媽教養學

有時候，鬆弛一點也可以。

老大出生後，有很長一段時間晚上無法睡過夜。那時候，我在凌晨時分，常常抱著她在客廳踱步，哄她入睡。有一天，凌晨三點，我看著懷中的她，她睜大眼睛吸著右手拇指回看我，我突然覺得惶恐。

「她這一輩子活得如何，從此之後，都跟我有關嗎？」

這個念頭，讓我的腳步突然沉重起來。我開始思索，周遭的長輩，是如何教養小孩的，希望從前人的經驗中，得到啟發。

在那個夜晚，我想到自己的媽媽和婆婆。我想到她們教養出來的孩子們，都擁有正面的價值觀，對工作具有責任感，而且友愛手足，關愛父母。我想，能夠教養出這樣的孩子，她們一定是做對了某些事。

但是，我的媽媽和婆婆，個性卻非常不同。

有一年接到娘家媽媽打來的電話，很靦腆地說，她當選今年的模範母親了！我想著這些年媽媽為母的另類風格，不禁在電話這頭笑出來。

很早以前，我的媽媽就了解「慢活」的重要，並且身體力行。她對待時間的方式很奇特。簡單來說，她對時間的感覺是絕對主觀而且以她為主，她享受她的慢，從中發展出奇特的家務邏輯。

對她來說，時間是為她所用的，無須管理，只要活在當下、享受美好即可。她認為，把事情按照她的順序一一做完，並且樂在其中，這是天經地義的事。就這點來看，她真正地成為了時間的主人。

她每開始一項任務，就非得把品質做到滿意才罷手，但這通常又比預期的多花時間。逐項遞延的結果，我們家幾乎每天都在晚上七點半才能吃晚飯，但餐桌上的菜色又都美味到讓人狼吞虎嚥，欲罷不能。

根據我弟弟妹妹的說法，我媽煮的晚餐會讓人經歷兩種反差極大的生理反應：先讓你等到幾乎餓死，然後滿桌佳餚又吃得你快要撐死。我懷疑這其實是一種上菜策略，目的是讓人從美食中享受最大的滿足感。

為母第一課：時間就是用來陪伴的

我們家人口眾多，印象中媽媽忙家事總是忙到晚上十二點之後，即便這麼晚了，我記得，她還曾陪手殘的我一起熬夜，做我的高中家政作業（縫香包）。

不論幾點睡，她隔天透早五點就要起床。我們家當時開雜貨店，早上兼賣麵包，媽媽每天早上起床梳洗後，得用菜籃車綁著一個木箱子出門，走路（她不會騎腳踏車）到三十分鐘外的麵包店，去批發各種新鮮麵包回來，擺在自家店鋪銷售，風雨無阻。

麵包帶回來後，擺放在銷售櫃檯上，她請家人看店招呼客人，隨即開始另一件例行工作：幫孩子們準備當日便當青菜。

我們的便當，主菜部分是前一天晚上做好的，但青菜在學校蒸過之後總是不好吃，這讓媽媽很介意，於是她堅持要一早現炒，另外用一個小便當盒裝著不蒸。就是這樣一個念頭，讓她又更忙碌了。每天早上她得做完便當菜，送我們出門之後，才能稍稍喘一口氣。

但為了某些因素，她甚至不介意更加忙碌。我高中時，有一個外地來台北念書的同學，沒有跟家人同住，每天外食導致胃口不佳。我回家跟媽媽聊到這事，媽媽二話不說，從隔天開始，幫我多準備一份便當帶給她。

為母第二課：愛人如己，以身作則

高中時，我每天到校單程需通車一個半小時，大多時候沒有位子坐，但是因為媽媽的愛心，我每天背著沉重的書包、帶著那兩大兩小的便當盒，也就一路這樣過了。很多年以後，高中重聚碰到了那位外地同學，她還堅持特地到我家來跟媽媽道謝。

愛人如己，是我從媽媽身上不斷驗證的真理。即使自己並非大富大貴，但只要願意與他人分享你所擁有的，你的心靈便能感覺富足。

自己當媽媽之後，有一次我問到她教養孩子的心法。媽媽說，一直以來，她對我們並沒有特別的期望，但是非常注重孩子的品格和健康。

媽媽雖然只有小學畢業，卻沒有被升學主義的魔咒征服，她從來沒有因為我們的成績如何如何，責備過我們，倒是很單純地相信：只要你真心想做什麼，就能做到！現在想來，這跟《牧羊少年奇幻之旅》傳達的訊息不是一樣嗎？原來人生的智慧，中外皆同。

待人接物，常常帶著一臉憨笑的媽媽，對孩子來說是個毫無威脅的存在。我後來頓悟到，她是以一種民宿媽媽的心情陪伴我們：供吃供住，但不太管教你，只是忠實的陪伴。

在這樣的家居歲月中，我成了一個生活很依賴，思想很獨立的女生，不管在外面如何五湖四海、行遍天下，每隔一段時間一定要回家當一下媽寶，充個親情的電，享受被母愛包圍的幸福。

媽媽像一顆衛星，環繞著我們這些如同小行星的孩子們，她不耀眼，凡事以我們為主，卻帶來溫暖的陪伴和光芒。

然後，我一直以為天下所有的媽媽都是這樣的，直到結婚之後，我遇到我的婆婆。

為母第三課：紀律持家，帶來安全感

怎麼說呢？我覺得女生結婚這件事，其實跟男生去當兵很像。孤身一人，進入男方家族這個思想、行為、習慣、價值觀全然不同的組織中。剛結婚那幾年，身為菜鳥（媳婦），位階很低、長官很多、沒有奧援、挫折不少，而且無法退伍（除非結束婚姻）。

有些男生一直不能理解，為什麼「老婆不能把我的家人當自家人」？我想，如果他能了解，每一個老婆最初都是以「服終身役」的心情，待在你的家族之中，也許就能感同身受。

至於，到最後，女生與男方家族能不能相處融洽，有很多微妙的因素，因為太難一一明說，我只好稱之為「緣分」。

我在這樣的覺悟中，遇到了我的婆婆，一個跟我媽完全不同的人。我媽臉上是常常帶著憨笑的，即使對著陌生人；婆婆大部分時間卻是不笑的，即使對著家人。這樣的冷面婆婆，以一種超乎現實的紀律來處理日常生活。她腦中有一張長長的主婦待辦清單，每天早上幾點開始運動、幾點買菜、幾點掃地拖地、幾點備餐，一清二楚，按表操課。

而且，她會預做準備。中午飯後就把晚餐的食材洗好切好，所以每天晚上從容地在六點半開飯，數十年如一日。之後，所有的家事（包括洗衣服）會全部在晚上八點結束。

八點一到，她彷彿終於下班，才以放鬆的心情坐在電視機前，看一個小時的節目，晚上九點就寢。日日如此。

我發現她多年來，何時該吃飯、洗澡、睡覺，都像時鐘一樣穩定。這是一份必須全力以赴的全職工作，每一天對她來說，都是消滅一串待辦清單的過程。試想，日復一日，如果你每天早上睜開眼睛，就有二十件以上任務必須完成，你如何能夠輕鬆以對？難怪她冷面，因為有工作壓力啊。

不但如此，婆婆是我看過最嚴謹的人。她創下了一個驚人的人生紀錄：沒－有－掉－過－傘。在我心中，這就是神人了！

我常常想，如果婆婆不是在家相夫教子，而是出外工作的職業婦女，她應該可以做到總經理。每當我這樣稱讚她時，她會露出那十分十分罕見的笑容說：她年輕時，曾經在學校擔任行政工作，不過短短一年間，老闆加了她三次薪水呢！

但是，以婆婆這樣堅強的意志力和嚴謹的個性，會不會是個很嘮叨的媽媽呢？

我曾經好奇地問先生，婆婆這晚上九點上床睡覺的習慣，維持多久了？先生說，即使在他們很努力準備大學聯考時，婆婆頂多是十點睡覺。孩子在十點過後，要念書要吃東西，一切自理，各自努力。

儘管白天的婆婆是個拚命三娘，晚上十點後，就是她給家人留白的時間，大人小孩得以各自休養生息。

為母第四課：親子適當留白，做個民宿媽媽

那麼，她做為媽媽，到底教養的重點是放在哪裡呢？我想，正是她那可媲美ISO 9001的主婦服務品質，帶給孩子莫大的安定感。她把自己活成一個恆星，一個太陽，穩定而永恆，讓這星系裡的孩子們，如同行星般得以穩定地自轉公轉。

做為媽媽，她唯一的重點就在此，打造穩定、可期待、沒有意外的生活節奏。除此之外，她沒讀過任何教養理論，在家的話也不多，只是身在家裡，日日陪伴。

這又是另一種民宿媽媽的典型嗎？也許，正是看似無為的方式，使得他們家的孩子個個發揮所長，追求自己的夢想，而且凝聚力極強。孩子們雖然已經各自成家立業，但在公公去世前，一個禮拜中還有五天，全家超過十人一起圍桌吃飯，長達十七年。

我試著比較媽媽和婆婆兩者的為母之道。表面上看來，媽媽很慢、婆婆很快；媽媽愛玩、興趣很廣，婆婆很宅、很少出門；媽媽朋友很多，愛管閒事，

婆婆沒有朋友，專心守著家人；媽媽像游牧民族，逐歡樂而居，婆婆像專業經理人，把家庭當作事業來經營。

但是，她們的共通點就是：把自己當作「民宿媽媽」，對於孩子在家的生活，穩定照顧，除此之外，就尊重孩子各自的志向，給予陪伴但不太多話。也許正是這樣的智慧，成就了親子之間互不羈絆的愛與支持。

孩子讀什麼學校、選什麼科系、交什麼男女朋友、與什麼人結婚，我的媽媽和婆婆也許願意參與討論，但最終還是由孩子決定，因為，那是「他們的人生」。

只是，不論何時，孩子只要回到家，就有如常的照顧與陪伴——在孩子日日變動的人生中，兩位媽媽保證了日日不變的母愛，我想，這就是她們單純而終極的，為母的藝術吧！

22 從工作媽媽變成全職媽媽那一天

盡力就好。

在財經雜誌擔任總編輯時，我非常喜歡我的工作。老實說，照顧三個孩子非常勞累。每天晚上，我照顧零歲的老么常常夜不成眠，平常週間每天平均只能斷斷續續地睡四個小時，白天還有全職工作。即使體力已經用到了極限，每天都有積累的疲累，我也從來沒有想到要辭職。在天亮後，我還是換下邋遢的家居服，穿上套裝，打起精神，出門去上班。

要同時照顧三個小小孩，還要上班，當然會有意料之外的狀況。

曾經，換好衣服要出門前，孩子拉肚子，屁股上到處是髒汙，必須全身清洗。當我手忙腳亂把孩子帶到浴室沖洗時，兩歲的女兒趁我不察玩起蓮蓬頭，水噴出來濺得我一臉一身，儘管快遲到了，我還是必須重新換裝整理頭髮，才能出門。

又有一次，我凌晨三點起床，準備早上九點公司會議的投影片（因為實在忙到沒時間準備），一路做到快七點。四歲的孩子起床，磨蹭到電腦前，一陣亂敲的結果，把我剛做好存在隨身碟的檔案整個刪除，然後我沒有備份（對，我腦殘了）。結果，我在當天主管會議上交白卷，面對老闆及其他主管的眼光，無言。

兼顧還是取捨？

即使在這樣的處境下，我心中還是渴望能夠「兼顧」家庭與事業，我緊緊攀住職場上的光環，怎樣也不願意離開那張名片帶給我的安心感。

但是，過了兩年，那個需要抉擇的時刻，還是來了。我愈來愈了解，我需要的不是兼顧，而是「取捨」。

在三個孩子各是兩歲、四歲、六歲的時候，我發現老大老二有狀況。

我還記得那一年秋天，老大剛上小一，某天下午，我正在開會，接到安親班老師的電話。我從會議室暫時離開，電話那一頭，安親班老師焦急地說：「馬麻，孩子一直說肚子痛，你要不要帶她去看醫生呢？」

情況似乎有點緊急，我立刻跟公司請假，飛奔到安親班，帶老大去看醫生。醫生檢查過後說：「這肚子痛有可能是壓力造成的，我們再觀察。」

我看孩子狀況似乎好了些，就帶她回家。回家之後，她進了自己的臥室，若無其事地開始玩玩具。

我問：「肚子還痛嗎？」

孩子說：「不痛了！」

「什麼時候開始不痛的呢？」

「回家之後，就不痛了！」孩子天真地說。

在那之後，幾乎每個禮拜有一、兩天，我下午會接到安親班老師這樣求救的電話。我雖然是公司的高階主管，但接到電話就得立刻搭計程車回家處理，這樣的狀況，已經干擾了我的工作。

另一方面，四歲的老二，則是一個讓我費解的孩子。自從老三出生後，她小小的臉上常有憂思，感受不到稚齡的天真。有一陣子她常發燒，有人推薦我帶她去一個小兒科診所看診。那是一位女醫師，她接手父親的小診所，自己也是三個孩子的母親，心思細膩。

幫老二做過檢查後，她說：「這次就是一般感冒，如果抵抗力好，不吃藥也會好，不用擔心。」

「但是，」她話鋒一轉，「我感覺到這孩子有 love frustration，沒有安全感。」

那該怎麼辦？我問醫師。

「她需要跟媽媽獨處的時間。」醫師說。

我試著理解這句話的意義，想著我如今的處境。

我每天在辦公室跟同事相處八小時以上，我是個關心部屬的主管，他們的喜怒哀樂我都能即時接收並且回應。但是，每天晚上七點多回到家裡，我的頭腦和心都已經疲憊不堪，只想跟孩子快聊一下，然後把他們送上床，我才能休息。

我如果是在辦公室開會，就不可能在孩子午休時間到學校參與他們的表演排練；我如果要跟著同事的作息在晚上七點下班，就不可能下午四點去接孩子回家一起吃點心、聊聊今天發生的事。

我一直相信，家人之間如果要累積深刻的親子記憶，是需要花時間的。問題是，要花多少時間？

有人說一天兩小時的良性親子時間就夠了，但以我自己感受到的生活節奏，至少在孩子六到十一歲期間（大約是小一到小六），親子之間每天最好有四小時從容的陪伴，才能悠然而不緊迫地好好相處，收納多元的喜怒哀樂記憶。

此外，家裡有幾個孩子、另一半的工作狀況如何，都會影響照顧孩子的時間和品質。甚至，孩子課後是去安親班，還是由公婆照顧，或是娘家媽媽照顧，都會有所不同。

一個孩子，一天至少四小時陪伴，為期至少六年，這樣最少是八千七百六十小時，而我有三個小孩，他們各自也需要單獨和我相處的時間，這樣是多少小時的教養工程？

一萬小時的陪伴

暢銷書作家葛拉威爾（Malcolm Gladwell）曾說：「一個精心造就的人才，需要一萬小時的訓練，才能養成。」我看到的是，一段深刻的親子關係，所花費的時間，其實也不遑多讓。

我不是精算師，真的算不清楚。有的媽媽在適當的條件支援下，也許真的可以兼顧家庭與事業，但以我的狀況來說，我努力過了，行不通。

也許別家不會有這樣的情況，但我確實碰到了這樣的困境。要效忠家人還是效忠老闆，我得要做出選擇。

好幾年前，臉書前營運長雪柔．桑德伯格（Sheryl Sandberg）寫了一本暢銷書《挺身而進》，教導職場女性應該在辦公室裡更積極點，展現更多的企圖心。但是，身為三個孩子的母親，眼看著我的工作愈來愈花時間，也許我需要的，是「挺身而退」？

我就這樣辭職，把辦公桌和名片還給老闆，回家了。

我的世界從那一天開始反轉過來。我好像從明亮的舞台走向無聲的幕後。上個月我才跟大企業的執行長討論「未來在等待的人才」，談到國際化；這個月，我大部分時間跟三個孩子攪和在一起，跟外人最長的一段對話，是跟傳統市場的魚販討論怎樣蒸魚才好吃。

離開辦公桌、丟掉名片，換下套裝改穿T恤牛仔褲布鞋……曾經相信工作與家庭可以兼顧的我，毅然做出選擇回家後，發現了以下的現象：

- 這個世界認為我是個輸家。一般人認為，我一定是在辦公室混不下去了，才會選擇回家陪小孩。（雖然表面上大家都說，孩子有母親的陪伴很幸福。）
- 朋友圈戲劇性地蛻變。曾經，朋友晚間的聚會邀你，但是，因為當媽媽的我晚上走不開，之後也慢慢沒有邀約了。我的專業朋友圈全數蒸發，我徹底成了圈外人。（取而代之的，我多了很多新朋友，包括菜市場的老闆，以及社區的媽媽們，我的八卦圈陣容十分堅強……後來甚至讓我起了做社區媒體的念頭。）

- 以家人為第一順位的生活開始之後，會發現自己在家人心中，理所當然地成為最後順位。回家就看得到媽媽，對家人和孩子來說，剛開始一定是幸福的……然後，大家就習慣了。

之後，當家人孩子習慣地用真性情來對待你，而不是刻意取悅你時，你每天接收他們真實而不遮掩的言語和行為，常常覺得自己在孩子心目中似乎成為最不重要的人。有些話，他們會忍不住對你暴發；有些事，他們會賴皮。因為在家無須防衛，一個全職媽媽（或全職爸爸）的存在，常常讓家人表現出他們個性中最糟的那一面。

關鍵在於這個社會大多數的價值觀，我想。我們已經習慣評價他人：誰重要，誰不重要，誰可以得罪，誰必須取悅。

為什麼會這樣？回家之後，我一直在思考這件事。直到看到《未竟之業：為何我們無法兼顧所有？》作者安‧瑪莉‧史勞特（Anne-Marie Slaughter）的解析，我才恍然大悟。

作者道出，從襁褓到墳墓的歷程中，我們這一生中一定會經歷到需要別人照顧的時候。然而，我們在現有的社會體系中，以「相互競爭、優勝劣敗」為核心的工作體系十分強大，在其中工作的人，享有光環。但是，與之相對應的非營利照顧體系，那些在家庭裡照顧幼兒、病人、老者的人，大多憑藉一己之力找尋資源，想辦法依賴個人的信念支持下去。

進入工作體系的工作者，被認為是這個社會的生產者；但是，進入照顧體系、貢獻自己時間的人，大多會被這個社會視為沒有生產力的閒人。

我們以為一定要多賺錢才能得到人生的幸福，但是，如果論及一個人的生活品質、照顧品質，有錢固然好用，有些照顧的面向，卻是得有人願意花時間付出才能擁有，有錢也買不到。

強大的工作體系，創造了社會的繁榮，固然重要；但如果能發展出同等強大的「照顧」體系，人人在人生各個階段都能被精心照顧，這樣才能真正保證每個人在人生各階段的生活品質，讓人生享有更雋永的幸福。

成為更好的人

就我而言，從這個社會的「工作體系」轉入「照顧體系」之後，我的改變很明顯。

多年前，在事業的高點，挺身而退，成為一個家庭的守護者時，我並不知道自己即將面對的是這樣的心路歷程：大多數時候，不會有人為你喝采，你的付出也不見得會有回報，你的生活裡說不定會有更多的挫折，而且多半只能自己面對，或者靜待轉機。

回家的這些年，經年累月，在孩子家人身上花費了數萬小時之後，也許，在別人眼中，我變成一個姿態平凡、衣著不起眼、言語無味的歐巴桑——大家覺得我的人生沉淪了，可惜。

但是，在我心中，我知道，我的確變了——變得更關心別人，更關心這個社會。以前覺得凡事與我無關，現在覺得我對許多事情都義不容辭：我有責任發聲，讓這個社會變得更好。

當我選擇跟我的孩子站在一起時，即使整個世界曾經對我翻白眼，但是，不論別人怎麼說，就身為一個人的質地來說，我覺得自己變成一個更好的人——一個能夠跟自己好好相處，有自信、有能力陪伴別人的人。

如今，我好像頓悟了一件事：在人生的某個階段，如果能夠有機會好好地照顧別人，你的生命也會因此得到不凡的滋養。人生中看似沉重的片段，卻帶給心靈莫大的韌性和自由。

生命的奧祕，實在超乎我的想像！

23 當了十二年全職媽媽後重回職場，我學會的事

陪伴有時，放飛有時，重啟人生下半場。

我在家當了十二年全職媽媽，後來重返職場。這件事，似乎成為媽媽圈子裡一個好奇的話題。來自上班媽媽們的提問，大致有這兩個：

- 當媽媽之後，工作與育兒如何平衡？
- 如果真的辭職回家照顧小孩，還有可能重返職場嗎？

第一個問題，並沒有標準答案。

如果家裡只有一個小孩，而媽媽工作的上下班時間比較穩定，工作與育兒兼顧的機會很大。但如果是像十二年前的我，家裡有三個從幼稚園到小一的孩子，需要大量的日常照料、接送，每個孩子也有不同的陪伴需求，我在公司又是高階主管，責任重大。即便老闆非常支持做為媽媽的我，但我自知，這個階段的我，幾乎是不可能捨棄日常母職，兼顧工作。

所以，我選擇了辭職回家。

全職媽媽的溫暖陪伴

現在回看當時的選擇，後悔嗎？其實不會。因為這些年很扎實的陪伴，三個孩子都健康地長成，如今他們已是大學生，心性安定，也能追求自己的興趣，日常親子相處愈來愈像朋友，這是讓我感覺喜悅的親子關係。

後來看到ＥＱ大師高曼說：「一個優秀的團隊，正面情緒與負面情緒的比例是5：1。」我突然頓悟：這就是媽媽全職陪伴的魔力！

如果說，家人就是我們人生中的團隊，全職媽媽每天與孩子相處的時間比較長，累積五次正面情緒的親子互動，可以承受一次親子衝突。接送孩子上下學，擔任導護媽媽，到孩子班上講故事，孩子上台領獎時在台下為他拍照，或者應老師邀請協助孩子班上包冬至湯圓，在孩子放學回家為他準備點心，聽他說說今天學校發生了什麼事……這些都是親子之間甜蜜的互動，讓孩子擁有安全感和幸福感。

如此一來，即使孩子有言行不當，需要管教，媽媽也能即時糾正，就算因此惹得孩子不開心，但在此之前已累積了足夠的正面互動，該管就管，不必擔心一次的衝突會傷及親子關係。

長期來說，這樣耐心而且長期的陪伴，對於親子關係的確有正面的影響。

當然，除了陪伴的時間之外，陪伴的品質也很重要。不論是上班媽媽或全職媽媽，只要能盡量營造正面情緒與負面情緒5：1的環境，孩子都一樣會受益。（當然，爸爸也是親子關係的一員。）

孩子長大後，偶爾會說，「其實我們都很乖，說不定你當初可以不用回家，我們也會平安長大。」

我瞬間回顧了孩子們在不同階段的某些「叛逆時刻」，深深慶幸當初自己可以全職陪伴，一起度過親子心靈風暴。

但這些故事很長，一言難盡。於是，我就輕描淡寫地說：「說不定是因為我回家了，你們才很乖的長大喔。」

即便如此，回看我在事業最高峰時辭職回家，有遺憾嗎？

有。

說真的，我辭職回家，是出於母職的本能，而非深思熟慮的結果。

當時老大老二老三各有不同的教養難題。如果家裡只有一個小孩，碰到這些狀況，我想，我自己都還有機會思考如何兼顧育兒與工作。但是，三個小孩同時發生異狀，且是每天重複發生，我覺得不能再逃避現實，或是哄騙自己「一切都會過去」。

終究，我還是辭職回家了。

恐懼與落寞漸漸加深

回家之後，有許多事情並不如預期，沮喪、挫折的情緒也不時會出現。如今我可以雲淡風輕地看待這件事，是因為已經走過這一段，並且能夠隔著一段距離，來同理當時自己的無助，包容自己可以不完美，慶賀自己的成長。

孩子一天天長大，真正讓我下定決心重返職場，是因為恐懼與落寞。很多人都說，陪伴小孩成長是媽媽最大的快樂。但是沒有人提到成為全職媽媽的風險。

什麼樣的風險呢？下半生的財務風險。一旦成為全職媽媽，意味著我本於愛心提供無償的家務勞動，意味著我沒有主動收入，沒有雇主給的退休金。我所有的現金，都是別人給的，而且常常是左手進，右手出，全部花在家人身上。

有一天，我發現自己無法向銀行申請新的信用卡，讓我震驚。我二十二歲就進入職場工作，很早就自己賺錢自己花，財務獨立。但是成為全職媽媽後，沒有固定正職，過去工作二十年，從未遲交信用卡款的好信用，無法為我累積任何財務優勢，即便銀行並非沒有存款，但是，我連申請一張新的信用卡都有問題。全職媽媽在財務上，被銀行視為沒有還款能力的人，如果要申請全新的信用卡，只能用先生的附卡。

我進一步想到，如果有的全職媽媽剛好婚姻出了問題，而之前她老老實實地拿著先生給的家用，盡責地花在食衣住行，花在小孩的補習安親，並沒有為自己累積太多餘錢，那麼，她離開婚姻那一日，就很可能面臨巨大的財務風險。即便可能領到贍養費，那仍然是別人給的錢，而不是自己賺的。

這並不是胡思亂想，而是我聽到的真實故事。哪怕是一路讀著名校，曾經有過光鮮亮麗好工作的女性，一旦辭職回家陪小孩，就會陷入無法財務獨立的困境。如果不是出身金湯匙之家，或是繼承長輩遺產，全職媽媽只能祈禱自己的婚姻白頭偕老，或者必須在不快樂的婚姻中忍氣吞聲。

此外，小孩長大成人，慢慢有了自己的朋友與世界，他們每天都會發生新的故事。而守在家裡的我，卻因為生活平凡，交友單純，慢慢成為一個沒有新故事的人，只能回顧往事。慢慢的，在與孩子聊天時，我分享出來的故事，都是他們已經聽過的。我慢慢變成一個沒有故事的人，只是一天一天老去。

不論是財務無法獨立，或是變成「沒有故事的人」，都讓我落寞。想到自己要這樣慢慢從中年步入老年，更令我恐懼。是以，在二〇二一年，我決定重返職場，在擔任全職媽媽十二年後。

有一次接受訪談時，訪談人問到：「在你重返職場的過程中，有沒有特別需要感謝的人？」

我說，有。是得人社會企業的創辦人蔡清鈴。

得人社會企業從創立以來，一直幫助那些為了照顧家人中斷工作的女性，重返職場。二〇二一年春天，我去參加得人的工作坊，知道了幾件事：

- 就業市場長期缺工，中年人還是有就業機會。

- 做好心理準備：重返職場的前半年，會是挫折最多的時候。因為要適應新的工作、同事，要學習新的技能，會有壓力；另一方面，家人也要適應媽媽重返工作，而無法提供像以前那樣完整的「服務」。撐過前半年，就會漸入佳境。

- 找工作時，與其上網投遞履歷，不如先向親朋好友發布自己將重返職場的訊息。因為他們最了解你的狀況，更容易推薦適合你的工作。

在今日的台灣，一個雇主只要願意提供育兒友善的環境，並且支持育兒，如此，更能吸引好員工來到企業工作，並且更能持續貢獻能力。

第二位要感謝的，是接納我重返職場的老闆 Maurice。他勇氣十足，願意讓一個已經在家陪伴家人多年的老朋友，重新進入職場，重啟人生。這像是一場社會實驗，我很高興他願意跟我一起，找出新的工作模式，為彼此創造雙贏！

媽媽也可以重啟人生下半場

回顧我重返職場的心路歷程，我想說的是：重返職場這件事情，是全職媽媽對自己人生最好的投資，不要害怕，做好準備，試著跨出第一步。我也想對企業主喊話：既然全職媽媽可以不惜時間跟精力，去栽培自己的小孩，當她把這樣的熱情用來栽培自己，一定會變得比以前更好。

雖然之前沒有人告訴我這些事，但是，我實際嘗試、體驗之後，真心相信：在孩子長大之後，走出家庭，是媽媽們重啟人生下半場的契機。

陪伴有時，放飛有時，這是為母的智慧，也是生而為人，無法捨棄的自由。

國家圖書館出版品預行編目（CIP）資料

工作媽媽學會的事：陪伴有時、放飛有時、保有自我，一個母親的旅程／丘美珍著 . -- 第一版 . -- 臺北市：遠見天下文化出版股份有限公司 , 2025.05
面；　公分 . --（心理勵志；BBP508）
ISBN 978-626-417-347-6（平裝）

1. CST：親職教育　2. CST：母親

528.2　　114004784

心理勵志 BBP508

工作媽媽學會的事

陪伴有時、放飛有時、保有自我，一個母親的旅程

作者 — 丘美珍

副社長兼總編輯 — 吳佩穎
資深主編暨責任編輯 — 陳怡琳
校對 — 魏秋綢（特約）
美術設計暨封面繪圖 — BIANCO TSAI（特約）
內頁排版 — 張靜怡、楊仕堯（特約）

出版者 — 遠見天下文化出版股份有限公司
創辦人 — 高希均、王力行
遠見・天下文化 事業群榮譽董事長 — 高希均
遠見・天下文化 事業群董事長 — 王力行
天下文化社長 — 王力行
天下文化總經理 — 鄧瑋羚
國際事務開發部兼版權中心總監 — 潘欣
法律顧問 — 理律法律事務所陳長文律師
著作權顧問 — 魏啟翔律師
地址 — 台北市 104 松江路 93 巷 1 號

讀者服務專線 — (02) 2662-0012 ｜傳真 — (02) 2662-0007；(02) 2662-0009
電子郵件信箱 — cwpc@cwgv.com.tw
直接郵撥帳號 — 1326703-6 號　遠見天下文化出版股份有限公司

製版廠 — 東豪印刷事業有限公司
印刷廠 — 祥峰印刷事業有限公司
裝訂廠 — 台興印刷裝訂股份有限公司
登記證 — 局版台業字第 2517 號
總經銷 — 大和書報圖書股份有限公司｜電話 — (02) 8990-2588
出版日期 — 2025 年 5 月 26 日第一版第 1 次印行

定價 — NT 400 元
ISBN — 978-626-417-347-6
EISBN — 978-626-417-345-2（EPUB）；978-626-417-346-9（PDF）
書號 — BBP508
天下文化官網 — bookzone.cwgv.com.tw

天下文化

BELIEVE IN READING